維新の残り火・近代の原風景

山城 滋
Yamashiro Shigeru

弦書房

装丁＝毛利一枝

〈カバー表写真〉
吉田松陰と金子重輔が黒船目指して小舟を漕ぎ出した柿崎弁天島から下田湾を望む（静岡県下田市）

〈カバー裏写真〉
上＝明治五（一八七二）年に東京で撮影した窪田次郎㊨と坂田警軒㊥、阪谷朗盧の長男礼之助㊧の写真。窪田は旧習を掃き出すほうきを手にし、他の二人は帰商の決意を表すように見える（広島県立歴史博物館蔵）
下＝日露共同で建造したヘダ号の進水式を描いた露西亜船建造図巻（広島県立歴史博物館寄託の守屋壽コレクション）

〈本扉〉
創刊号から使われている団団珍聞の表紙絵（明治一〇年九月二九日号）

目次

第三章　敗者の系譜

第四章　近代の原風景

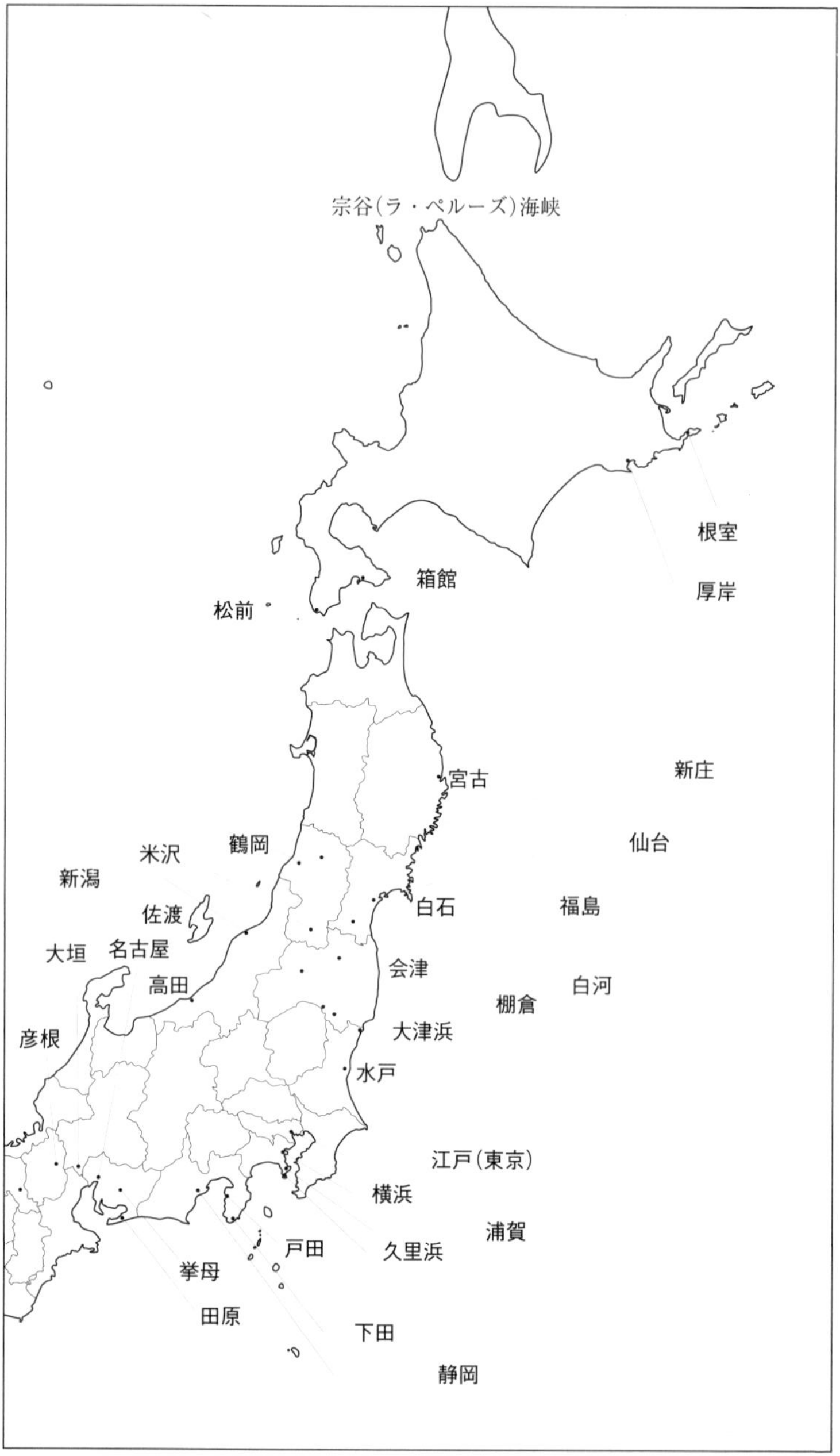

本書掲載の主要な地名位置図（地名は当時の表記を基本とした）

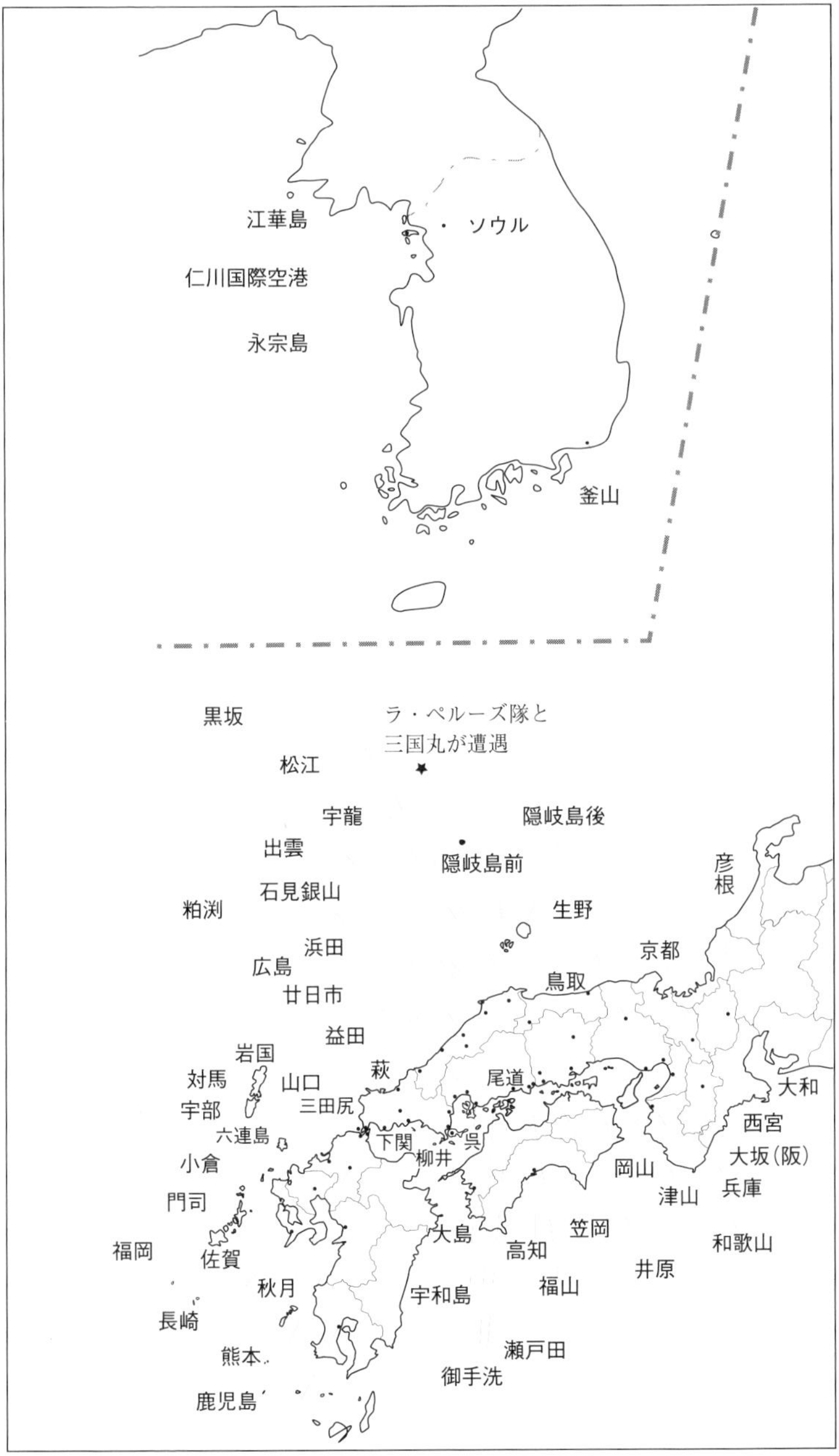
江華島
ソウル
仁川国際空港
永宗島
釜山
黒坂
ラ・ペルーズ隊と
三国丸が遭遇
松江
宇龍
隠岐島後
出雲
隠岐島前
彦根
石見銀山
粕渕
生野
浜田
京都
広島
鳥取
廿日市
益田
岩国
萩
対馬
山口
尾道
大和
宇部
三田尻
西宮
六連島
下関
呉
柳井
大坂(阪)
小倉
岡山
兵庫
門司
津山
大島
笠岡
和歌山
福岡
佐賀
高知
井原
秋月
宇和島
福山
長崎
熊本
瀬戸田
御手洗
鹿児島

はじめに

明治維新は後の世にいったい何を残したのか。

二六〇年余り続いた幕藩体制にとどめを刺し、天皇権威の下で近代化にひた走る画期となった革命的な変動である。起伏に富んだその歴史をたどることは興味深いが、近代を経た後の今とのつながりについてはあまり多く語られてこなかったように思う。そこから積み重なってきた一世紀半に及ぶ歩みの上に今の私たちが生きる社会があることを念頭に置きながら、幕末維新期に新たな光を当ててみたい。

維新一〇〇年の一九六八（昭和四三）年は東京五輪と大阪万博に挟まれた高度経済成長の真っただ中だった。当時、広く読まれた幕末維新物の歴史物語は、西洋列強の外圧に耐えながら短期間で近代化を成し遂げたサクセスストーリーだった。今の姿を肯定してさらなる成長を疑わない右肩上がりの時代の気分にもぴったり合っていた。

それからさらに半世紀が過ぎ去った。バブル経済の崩壊や「失われた三〇年」と呼ばれる経済停滞期を経て、グローバル化の弊害でもある格差社会が私たちの目の前に広がっている。物質的な豊かさや利便性を得た半面、温暖化問題や原発事故など地球環境や科学技術に限界があることに気付かされることも増えた。近隣国との歴史問題には依然、解決の糸口が見えない。近代がもたらしたものが総じて壁にぶつかっているように思えてくる。

アジア近隣国に先駆けた近代の幕の開け方が今の世の中にどんな影を落としているのか。そんなことを折に触れて自問しながら幕末維新期の変動をたどったのが本作である。残り火を拾い集めて自分なりに今に続く維新というパズルを組み上げてみようという、いささか向こう見ずな試みでもあった。素材を求めて中国地方を中心に関東、東北さらには韓国まで足を延ばした。

二〇一七年四月から二〇一八年九月まで中国新聞朝刊に掲載した月二回の特集連載を土台にして加筆、再構成した。第一章では、吉田松陰ら三人の西洋との出会いからグローバリゼーションの実相に迫り、先進技術の花形である蒸気船バブルによる産業近代化の波が禁欲的な江戸期の時代精神を揺さぶる様子を追う。第二章では、攘夷という排他的ナショナリズムの沸騰がテロリズムに転化していく過程に焦点を当てた。第三章では、敗れた側から見た幕末維新の実像を明らかにし、今なお敗者に心を寄せる人々の思いにも触れる。第四章では、天皇を求心点に目ざましい近代化に成功した半面、軍事的な膨張主義が台頭してやがて破綻を迎えることになる近代日本の原風景を描く。

それぞれの歴史の現場を歩いてみると、見過ごしてきたことがあまりに多く、新鮮な発見の連続だった。今と過去とを結ぶ「残り火」に一緒に目を凝らしながら、私たちの近代がどのように始まったのかに思いを巡らせていただけば幸いである。

なお、文中の肩書、年齢などは新聞紙面に掲載時のままとした。

第一章

グローバリゼーション

戦国時代の日本は世界経済を回すほど大量の銀を産み、海外に開かれた国だった。輸出用の銀や銅を掘りつくした一七世紀半ばから自給自足的な内向き国家に転じる。徳川政権による天下泰平の時代でもあった。このころ西洋では戦争が続発し、産業革命が起きた。先進の科学技術と軍事力を手にした西洋列強は世界地図の空白を次々と埋めて行く。太平洋航路が開設されるころになると、通商を限定していた島国日本もやがてグローバリゼーションの巨大な渦にいや応なくのみ込まれた。

第一章ではまず、西洋と出会った三人の日本人を取り上げる。自国優越の華夷意識を秘めながら西洋に学ぼうと密航を試みた吉田松陰、難破の末に黒船の水夫となった仙太郎、西洋文明を取り込んで開化をリードした岸田吟香である。三者三様、近代の入り口での象徴的な出会いがあった。

グローバリゼーションの足取りは、地図の世界からも見て取れる。一八世紀には日本周辺が世界地図の最後の空白地帯だった。日本海を北上したフランスの探検航海、伊能忠敬の高弟が仕上げた日本全図は、それぞれが開国へのステップとなった。

幕末期、西洋の先進技術の花形は外洋を渡れる洋式船で、なかでも蒸気船は日本人の常識を打ち砕いた。列強に追いつこうと、幕府や各藩は造船技術の習得に躍起となる。手っ取り早く入手しようと欧米から蒸気船を次々に買い求め、燃料となる石炭の関連産業も含めてバブルの様相を呈した。こうした産業の近代化は大っぴらな「利」の追求への道を開く。江戸時代の内向きで禁欲的な時代精神は次第に失われていく。

吉田松陰と金子重輔が黒船目指して小舟を漕ぎ出した柿崎弁天島から下田湾を望む（静岡県下田市）

下田踏海と華夷思想　吉田松陰

伊豆半島の突端に近い静岡県下田市は、日米和親条約によって開港地となった港町である。懐深い下田湾内に停泊中のペリー艦隊を描いた看板が駅頭で観光客を迎えてくれる。

黒船でのアメリカ渡航をもくろむ長州の吉田松陰と金子重輔が安政元（一八五四）年三月、密航に失敗した地でもある。二人が小舟を盗んで夜の海にこぎだした柿崎弁天島は下田湾の最も奥に位置している。風波に浸食されたその岸辺に立つと、湾口の向こうに大海原が見えた。

＊

米国書の受領見て攘夷熱沸騰

一一歳で藩主に「武教全書」戦法編を講じるなど若くして長州藩の兵学師範となった松陰は嘉永四（一八五一）年、二二歳で江戸に出た。西洋知識に詳しい佐久間象山の塾（木挽町）以外に江戸での学問に魅力を感じず、藩の許可を待たずに友と東北へ旅立つ。脱藩という逸脱行為は優等生からの脱皮だったのだろうか。罰として萩の生家で謹慎となった。松陰の非凡な才を長州藩は惜しみ、八か月後には諸国遊学を許した。嘉永六（一八五三）年六月、二四歳の松陰は大和や伊勢を経て再び江戸に上り、佐久間象山を再訪する。その直後に米国黒船艦隊の来航を聞き、浦賀に急行した。期せずして歴史的な現場に居合わせることになった。

ペリー提督は長崎に回るようにとの幕府の要請を聞き入れず、江戸湾内で水深測量などをして威嚇した。江戸の街は大混乱に陥る。ペリーはついに浦賀に近い久里浜への上陸を果たし、米国書を幕府に受け取らせた。その現場を目撃した松陰は「新興国に膝を屈するなど涙が出るほど耐えがたい恥辱。再来の時は日本刀の切れ味を見せてやらねば」と友に書き送った。

鎖国時代のわが国の対外認識は、中国皇帝が世界の中心で周囲は野蛮人の夷《い》であるという「華夷思想」の日本版だった。幕政は征夷大将軍の呼び名通り武威による支配を前提とし、オランダは夷としての扱いに甘んじて限定的な貿易を許された。江戸城を訪れるオランダ使節は芸をするよう命じられるなど見世物扱いされても我慢した。

ところがペリーの砲艦外交により、その秩序は破られた。太平洋横断航路の開通に伴うグロバリゼーションという外から扉をこじ開ける力。それに反発するようにナショナリズムの求心力が働き、攘夷《じょうい》という形をとって噴出した。夷狄を排撃せずにおれない攘夷熱の沸騰が松陰にも見える。

風がなくても自在に動く蒸気船、遠距離まで射程に入れる大砲を保持する列強と日本との軍事力の差は歴然としていた。若い人材を海外に送って新知識を持ち帰らせようと象山は考え、松陰に密航を勧めた。人柄や力量、それに独身であることも考慮してのことだろう。松陰もその気になる。攘夷の行動を起こす前に、まず国力を蓄えることが先決という現実的な判断だった。

国禁だった海外渡航も、漂流民の西洋見聞が知られるようになって現実味を帯びてきてはいたが、密航の失敗は厳罰に直結する時代である。それでも松陰を駆り立てたのは、アヘン戦争で華夷思想の本家である清が敗れて以来、この国の知識人層に広く浸透した西洋列強の侵攻に対するヒリヒリするような危機感だった。

ペリー艦隊が浦賀沖から立ち去った一か月後、今度はロシアのプチャーチン艦隊が長崎に入港した。チャンス到来とばかり松陰はロシア艦を目指して江戸を出発する。しかし、長崎に着く直前にロシア艦は出港していた。

嘉永七（一八五四）年一月にペリー艦隊が再来し、三月に横浜で日米和親条約を結んだ。その後、艦隊は新たに開港場となった下田に移動した。そのころ松陰は同志の金子と合流し、「五大洲《しゅう》を周遊して学びたい」という米艦宛ての「投夷書」を書いて下田に上陸中の米士官に渡した。「明日夜、柿崎の海岸に迎えに来て」と書き加えた。自らが後に投夷書と呼んだその言葉に、ぬぐいがたい華夷意識が見て取れる。

もちろん迎えが来るわけはなく、二人は深夜の海に小舟を出すが、櫓《ろ》を支えるくいがない。ふんどしで櫓を縛り付けてこぎ、擦り切れたら帯でと悪戦苦闘の末に到着したミシシッピ号で旗艦ポー

下田湾全景。左端の陸続きが柿崎弁天島。ペリー艦隊の旗艦は中央のクレーン船付近に停泊していた

ハタン号に回るように言われた。なんとか旗艦にこぎ着けたが、うかつにも刀や持ち物もろとも小舟は暗い海に流された。

艦上で応対した通訳ウィリアムズは「交わしたばかりの日米条約を破って君らの願いを聞くわけにいかない。もう少し待てば行き来できる。そのとき来てほしい」と言う。松陰は「国禁を犯した以上、帰れば斬首される」と懇願したが、ボートで陸に戻された。

熱意は通じるとばかり、あまりにまっすぐで楽天的。後に「下田踏海」と英雄視されるが、「兵学者らしからぬ幼稚で周到さを欠く計画」と批判されてもやむをえまい。ただ、この失敗が結果的に教育者松陰を生む。

松陰と金子、教唆犯として象山も投獄された。国禁を犯した重大犯罪だが、それぞれの所属藩へ引き渡して蟄居《ちっきょ》という軽い処分で済んだ。寛大な幕府裁決の背後に実は、米国の意向への配慮があったことが分かっている。

強烈な知識欲にペリー感嘆

『ペリー提督日本遠征記』に、ペリーは厳重な日本の法律で追及される哀れな二人のために仲裁の労をとろうとした、とある。

米士官が下田の獄舎につながれた松陰と金子を見つけると、松陰が板きれを渡した。五大洲周遊の企図をくじかれて狭いおりに閉じ込められた窮状を訴え、「泣けば愚人、笑えば悪漢と見なされる。ああ沈黙あるのみ」と書いてあり、すぐにペリーに伝わった。

この漢文の写しが近年、米国で見つかった。「和親条約への影響を考慮して密航を拒んだペリーの人道心に強く訴える効果があった」(陶徳民・関西大教授)とみられ、第二の投夷書ともいうべき文章である。寛大な措置を望むペリーが具体的にどう関与したかは不明だが、深刻な結末を懸念する必要はないとの保証を幕府から得た。

ペリーは「死の危険を冒すことも辞さない日本人の激しい好奇心」に深い興味を示し、「この国の前途はなんと可能性を秘め、有望であることか」と感嘆している。

ペリーの反応からは、危機感ゆえの強烈な知識欲の発露が欧米人の好意と共感を呼び起こす構図が浮かび上がる。知識欲の陰に実は、変わらぬ華夷意識が横たわっているのだが、先進国民としての優越感を抱いていたであろうペリーはそれには気付かなかったようである。

松陰の密航失敗から九年後の文久三（一八六三）年、後に「長州ファイブ」と呼ばれる長州の若者五人（井上馨、遠藤謹助、山尾庸三、伊藤博文、井上勝）が藩命によりイギリスに密航した。そのうち井上馨と伊藤、山尾の三人は江戸品川御殿山に建設中の英国公使館を焼き打ちしてから五カ月しかたっていない。変わり身の早さに驚かされるが、尊王攘夷の志士でもある彼らは自らを「生たる器械」と称した。夷を制するために夷国から先進知識を持ち帰ろうという松陰譲りの発想と言えよう。

萩に戻された松陰は獄中生活を経て、後に倒幕を先導する後進を松下村塾で育てる。安政の大獄で安政六（一八五九）年に死罪となるまでの短い生涯で思想は変転した。武力による海外領土拡張の主張は軍国主義の鼓舞に使われ、第二次大戦の敗戦後は批判を浴びた。ただ晩年近くの松陰は、通商による国際関係も重視している。

長州人脈から離れると、備中松山藩で藩政改革を進めた山田方谷は朝鮮や中国への侵攻を唱えた。藩主板倉勝静が老中の時代に方谷は対馬藩へ実際に働きかけている。彦根藩主の井伊直弼は、ペリーがもたらした米国書への対応として「開国した上で軍備を整え、勇威を海外に振るうようにすべきだ」との意見を述べている。

貿易を通じて外国との対等な関係を目指す開国派幕府官僚もいたが、大勢は武威で他国を圧倒して当然という華夷思想を引きずったまま明治維新を迎えることになる。

大国の清より鋭敏な反応

ウエスタン・インパクトとも呼ばれるグローバリゼーションの奔流は中国、日本の順に東アジアを襲った。アヘン戦争敗北による香港割譲という屈辱を大国の清はさほど深刻に受け止めたふうにない。それぞれの地域に民政を任せる粗放型の支配体制の下、都の北京から遠い世界の出来事だったようだ。自分たちの文明の方が優れているという中華思想も根強く残っていた。

系統だった西洋知識は多くの場合、中国で出された書物を通じて日本へと伝わった。アヘン戦争敗北を教訓に「海国図志」という世界地理書が中国で書かれたが、自国では一部の人々にしか危機感は共有されず、最も熱心に読んだのは松陰をはじめ幕末日本の知識人たちだった。

藩ごとの領民統制が宗門人別帳により末端まで行き届き、打てば響くようなわが国の社会構造の中で、異国船の来航やアヘン戦争の情報は士民各層に鋭敏すぎるほどの反応を引き起こしたのである。

黒船の日本人　サム・パッチこと仙太郎

旅客船が白波を立てて発着する生口島の瀬戸田港（広島県尾道市瀬戸田町）。尾道市と愛媛県今治市を結ぶ本四架橋ルート「しまなみ海道」ができて船の往来は減ったが、かつては塩の積み出し港

塩の積出港として栄えた瀬戸田港。仙太郎たちはここから船稼ぎに出た（広島県尾道市瀬戸田町）

として大層にぎわった。

江戸時代の末期、多くの若者がここから船稼ぎに出た。そのうちの一人は難破した末に渡米し、浦賀沖へ現れたペリー艦隊の黒船に乗り組んでいた。愛称サム・パッチこと仙太郎である。

＊

漂流民一七人が渡米し香港へ

樽《たる》廻船の栄力丸は嘉永三（一八五〇）年、江戸から帰る途中の紀伊半島沖で難破して五〇日余り漂流し、米国の商船に救助された。サンフランシスコに着いた乗組員一七人のうち芸予諸島の出身者が三人いた。仙太郎と因島椋浦（尾道市因島）の亀蔵、伊予岩城島（愛媛県上島町）の民蔵である。

昭和四二（一九六七）年に弓削商船高専（愛媛県上島町）へ赴任し、漂流民の研究に熱を入れた教員がいた。「すごい歴史じゃないか。先輩たちがどんな思いで海に生きてきたか調べてみよう」。生徒に呼び掛けて言い伝えを掘り起こし、研究誌も発行した。

後に『幕末漂流伝』を著す村上貢さん（九〇）＝上島町＝である。仙太郎が黒船に乗っていた経緯を調べると、鎖国という時代の波に翻弄《ほんろう》されながら生き抜いた一人の日本人の姿が見えてきた。

栄力丸の一行はサンフランシスコに約一年いた後、香港に送られて蒸気軍艦のサスケハナ号に移された。米政府は開国を求める使節を日本に送る際、一行を交渉の糸口に使おうとしていた。ところが提督ペリーの着任が遅れたため、亀蔵ら四人は再び米本土へ渡り、民蔵ら十数人は中国船で長崎に送り返されて各藩に引き取られた。

目前の故国に帰ること拒む

香港に一人残ったのが仙太郎である。その結果、一八五三年とその翌年、ペリー艦隊に乗船して来日した。一八五四年にサスケハナ号の甲板で幕府役人に面接されたとき、仙太郎はおびえて平伏するだけでろくに話もできなかった、と『ペリー提督日本遠征記』は記す。

海外渡航が厳禁の時代。一水兵としてアメリカ船になじんだ姿を見られることが怖かったようだ。目の前の故国に帰ることを拒んだ。「死んだとして法名を付けたが、その後アメリカ船へ乗って来て、またアメリカへ帰る」との記録が郷里の瀬戸田町内に残る。

アヘン戦争（一八四〇〜一八四二年）で清に勝った英国に便乗して米国は一八四四年、清と通商条約を結んでいた。栄力丸を救ったのは、米西海岸と中国を結び地球一周の貿易網を完結させた太平洋航路の米国商船だった。

それに先立つ一八二〇年代から欧米の捕鯨船団が日本近海に押し寄せて来た。産業革命を背景に潤滑油や灯火油を得る捕鯨は空前のブームに。日本周辺が最後の有望な海域で、捕鯨船に救われる漂流民も相次いだ。急増する西洋との遭遇は、やがて鎖国体制にひび割れを生じさせていく。

洋上で長期間クジラを追う捕鯨船は、薪水や食料の補給を求めて各地に現れた。幕府は当初、望む品を与え、二度と来ぬよう言い含めた。しかし一八二四年にはイギリスの捕鯨船員が水戸藩の海岸に集団で上陸し、薩摩の宝島では牛を略奪する騒ぎまで起きた。これがきっかけで攘夷論が渦巻き、翌年に幕府は異国船打払令を出す。

異国船の衝撃から尊王攘夷論

異国人に対する当時の人々の恐怖心は現代人には理解しにくいかもしれない。実証的な作風で知られる吉村昭は、小説『桜田門外ノ変』の書き出しを二回も焼き捨てた。大老井伊直弼を殺害した水戸脱藩士らの尊王攘夷論の根底に、異国船が沖合に押し寄せる長い海岸線がこの藩にあることに気付かず筆を進めたため、と告白している。

三度目の原稿では、藩内大津浜への異国人たち上陸の報に水戸藩の軍勢が慌ただしく配備され、捕鯨船長の話から沖合に三〇隻、計千人ほどの異国人がいることを知って代官が心底驚く様子を活写。異国に開かれた海岸線で起きた事件の衝撃を受け、藩の学者会沢正志斎が著した『新論』の内

中村家の墓地の一角にある仙太郎の墓。「三八君墓」と刻まれている（東京都文京区の本伝寺）

容も次のように紹介した。

「西洋諸国は次の侵略目標を日本にさだめている。防御には海軍兵力の増強を」「外敵排除に向けた幕府の体制強化には、天皇崇拝による国民の精神的な団結が不可欠」―。とりわけ天皇を中心に国民団結を図ろうとする会沢の主張に吉村は注目し、「ここに尊王攘夷の思想が生まれた」と結論づけている。

沖の捕鯨船は増え続けた。幕府は危機感を募らせ、漂流民を送還に来た米商船を砲撃する事件も発生。アヘン戦争後に打払令は薪水給与令に改められたが、開国を求める西洋列強の圧力は高まる一方だった。そして捕鯨船や太平洋を渡る蒸気商船の基地確保という期待を背に、ペリー艦隊が浦賀沖に現れた。

一方、艦隊とともにアメリカに帰った仙太郎はやがてキリスト教プロテスタントのバプテスト教会で洗礼を受けた。宣教師夫妻とともに再来日し、最後は外国人教師の世話役として静岡や東京で暮らした。一八七四年に死去し、親しかった啓蒙思想家中村正直の家の墓地（東京都文京区の本伝寺）の一角に眠る。墓碑に「三八君墓」と刻まれている。サム・パッチにちなみ中村からは三八君と呼ばれていたようだ。

西洋文明社会という異界から浦島太郎のように帰還した仙太郎は、帰国後も日本国内のアメリカ人社会に身を置いた。栄力丸の乗員には、日本人として初めて米国大統領に会い、後に国内最初の民間新聞を発行したジョセフ・ヒコのような人物もいるが、仙太郎は万事控えめで庇護者を求めて暮らすようなところがあった。

瀬戸田に帰った形跡はない。「気持ちが分かるような気がする」と村上さん。いまさら玉手箱を開けて心の平安をかき乱されたくなかったのだろうか。

「サンパチ（サム・パッチ）先生」と村上さんを呼んだ弓削商船高専の教え子は今、大半が船会社などを定年退職している。時折開くクラス会で、「授業で覚えているのは漂流民の話だけ」と言われると、「この芸予諸島から三人もアメリカに渡ったんだから」と村上さんは元のサンパチ先生に戻る。

文明開化の体現者　岸田吟香

岡山県北部の美咲《みさき》町に卵かけご飯の店が開店して一〇年になる。のれんには「郷土の偉人岸田吟《ぎん》香《こう》が広めた」とあり、平日の午後一時すぎでも一五分待ちだった。

全国を巡る旅の先々で、ご飯に生卵を割り入れて食べて人にも勧めたことから、卵かけご飯の元祖とされる。ただそれは吟香を彩る数々の「日本初」の余談の一つにすぎない。

岸田吟香の生家跡。山間だが、高瀬舟が行き交う旭川に近い（岡山県美咲町栃原）

＊

記者の傍ら目薬製造、航路開設も

幕末に新聞記者の草分けとなり、本邦初となるヘボンの和英辞典編さんに協力した。日本人で初めて液体目薬を製造販売する傍ら、他に先駆けて東京と横浜を結ぶ定期航路を開設した。製氷事業や石油採掘にも一番乗り。利益を社会に還元する盲学校設立や日中交流に尽力した。

マルチな先駆者ぶりは、文明開化という疾走する時代を体現しているかのようだ。在野の自由人だからこその型破りな発想と行動力。飾らずとも人間性がにじみ出る文章も味わい深い。

天保四（一八三三）年、美咲町西部の山峡の地に吟香は生まれた。素封家としての蓄えが底を突いた農家の長男。四歳で「唐詩選」を暗唱する神童で、隣村の寺子屋へ山道を通った。弟や妹を負ぶって読書し、「大魚は小池に遊ばず」と江戸遊学を夢見た。

一帯は挙母《ころも》藩（現愛知県豊田市）の飛び地だった。評判を聞いた領内坪井の大庄屋が声を掛け、一二歳の吟香を学僕として預かった。一四歳から五年間は岡山県北の城下町の津山で学問修業を続ける。私塾で若者を教えるほどになった吟香は嘉永五（一八五二）年、一九歳で江戸に出た。ペリー来航の半年前である。

江戸で昌平黌《しょうへいこう》に入ると代講に登用された。病を得て帰郷するが、大坂を経て再び江戸へ。尊王攘夷の志士たちと親しく交わった。幕府が列強と結んだ通商条約を「朝命に背く奸計《かんけい》」と断じたころである。

安政の大獄（一八五八〜五九年）で運命は暗転する。師である儒者の藤森天山が幕吏に捕まり、師の建議書を代稿したとして吟香も追われる立場に。安政六（一八五九）年、二六歳の時から各地に身を隠した。

封建の世から「ままよ」と解放

ほとぼりが冷めた頃、挙母藩の儒官に登用されたが、重臣と衝突して文久元（一八六一）年に脱藩する。このころから、大きな変化が心中に生まれたようだ。あれだけ武士に憧れていたのが、「もうつめくそほどもさむらひになるりやうけんハない」「きま、にくらす方が一生のとくとおもひつい て」と五年後の慶応二（一八六六）年に上海滞在中の『呉淞《ウースン》日記』で回想する。

文語体の時代に、人間吟香が立ちのぼってくるような口語体で記されていることに注目したい。封建の世から自由になるための表現形を獲得したとも言えようか。

江戸の市中に身を投げ入れた。食うために左官を手伝い、湯屋で働き、吉原の妓楼《ぎろう》の主人までした。「まゝよまゝよではんとしハくらすか、おいらはもう六七年まゝよだ。どうぞ一生まゝよでくらしたいもんだ」と同じ呉淞日記。

四角四面の「あるべき論」から解き放たれた「ままよ」の境地。新しい世界に理屈抜きで飛び込める素地となり、市井体験も思わぬ形で生きてくる。

吟香に転機が訪れる。眼を患って元治元（一八六四）年、横浜の米国人医師ヘボンを訪れ、目薬で完治した。和英辞書を編さん中のヘボンは、吟香が和漢の学問のみならず、庶民から武士まであらゆる階層の言葉に通じていることを知って助手にした。身分によって言葉遣いがかなり違う時代だけに、まれな言語的な素養が役に立った。

キリスト教プロテスタントの長老教会宣教師であるヘボンが無償で治療することに吟香は感銘を受け、薬の調合も手伝った。慶応二（一八六六）年に辞書の草稿がまとまり、活字印刷のためヘボンと共に上海に渡って七カ月間滞在。慶応三（一八六七）年に『和英語林集成』が完成した。

辞書編さんと並行して新聞発行にもかかわるようになる。吟香は横浜のヘボン邸で播磨生まれの漂流民で米国籍のジョセフ・ヒコに紹介された。ヒコは海外情報の新聞発行を考えており、学識多彩な吟香との出会いは渡りに船だった。

ヒコの秘書役の本間清雄と三人で「新聞紙」を創刊する。元治元年、日本初の民間新聞だった。横浜入港の海外船から得た外字紙の要点をヒコが語り、吟香が仮名交じり文で記事にした。翌慶応元（一八六五）年に「海外新聞」と改題。二六号まで発行したが、世の人々が新聞というメディアにまだ慣れておらず、毎号百部前後の販売にとどまった。

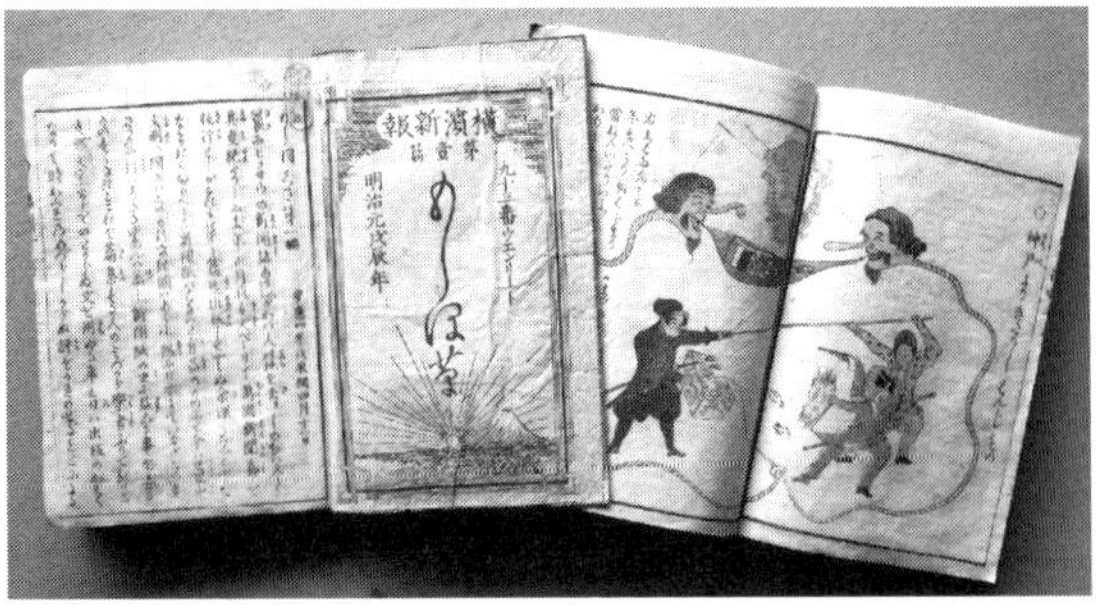

岸田吟香が健筆をふるった明治元年の「横浜新報もしほ草」。他紙に先駆け漫画も掲載した（岡山県津山市、津山洋学資料館蔵）

治外法権下で健筆振るう

新聞の普及に力を貸したのはやはり戦争だった。戊辰戦争が始まった慶応四（一八六八）年、江戸や横浜で新聞の創刊が相次ぐ。吟香も「横浜新報もしほ草」を同年閏《うるう》四月に発刊した。発行者に横浜居留の米国人ヴァン・リードを据え、治外法権の保護の下で吟香が健筆を振るった。

読者層を配慮してか記事は旧幕府寄りだった。局地戦で「敗走」と書かれた新政府軍から抗議を受け、紙面で記事を取り消したこともある。国内初の訂正記事とされる。

明治五（一八七二）年から東京日日新聞で執筆し、翌六（一八七三）年に主筆に就いた。雑報と呼ばれる社会面記事の名手だった。台湾で宮古島の漂流民が殺害されたことを理由に明治七（一八七四）年に台湾出兵が決まると、吟香は従軍取材を申し出た。正式な許可は下りなかったため、軍の御用商人の手代となって台湾に渡り、日本初の従軍記者となる。自筆画も交えた従軍記事は評判を呼んだ。

明治八（一八七五）年、自由な表現を抑圧する讒謗律《ざんぼうりつ》と新聞紙条例が制定された。「禁獄だの罰金だのが怖くッて毎日びくびくして居ますから」とのあいさつ文を載せて吟香は編集長を退く。肩を怒らせるのではない「ままよ」の精神がここにものぞく。

記者活動の合間を縫うようにヘボン直伝の目薬を製造し、「精錡水《せいきすい》」と名付けて慶応三（一八六七）年に販売を始めた。日本初の液体目薬の薬効は高く、国内はじめ中国大陸へと販路を広げる。銀座に店を構え、巨体の吟香をあしらった新聞広告や錦絵も商品宣伝の先駆けとなった。

新たな見聞や情報が起業に結びつく時代だった。上海で蒸気船航路の便利さを知った吟香は慶応四年、江戸―横浜間の定期航路を開設した。明治に入ると北海道の氷を販売し、失敗に終わったが新潟での石油掘削も計画した。全方位を見渡しながら、いつも誰かと手を組んでの事業展開だった。

事業の利益で吟香は盲唖学校である訓盲所を設立した。精錡水の販売でたびたび中国を訪れ、開設した上海支店は日中間の民間交流窓口のような存在になる。後に、大陸で活躍する人材育成が狙いの東亜同文書院の設立にも貢献した。ただ、世話した邦人は明治二七（一八九四）年に日清戦争が始まると通訳や特務機関などの軍務に就き、大陸進出に一役買う結果ともなった。

七二歳で亡くなり、キリスト教式の葬儀には政界要人も多数参列した。華々しい事業展開だったが、実は多額の借金が残っていた。芸術家肌は「麗子像」で知られる洋画家の四男劉生、宝塚少女歌劇団にレビューを取り入れた演出家の五男辰彌に受け継がれた。

吟香は、帰省した折に筆を執った書や手紙の数々を地元に残した。多彩な足跡ゆえ焦点が絞り切れないきらいがあったが、近年は地元でも業績の見直しが進んでいる。二〇一七年春には津山市で吟香の人物像に迫るフォーラムも催された。

攘夷を思いつめた時期もあった吟香が、西洋文明を自然体で受容できるようになったのは、やはりヘボンとの出会いが大きかったようだ。ヒコやリードとの付き合いも西洋流の思考になじむ助けとなった。後の多彩にして積極的な事業展開には、勤勉を美徳とするプロテスタントの影響がうかがえる。吟香は故郷の弟妹に対し「自重して物事にはげめば、必ず報いられる」との処世訓を与えている。

世界地図の空白埋める　ラ・ペルーズの航海

広島県立歴史博物館（福山市西町）で二〇一六年秋に開かれた「守屋壽コレクションが迫る近世日本の新たな異文化交流像」展で、奇妙な船の絵が人目を引いていた。帆が三枚で洋式船に見えるが、なぜか「和船図」という題が付いている。

＊

遭遇した三国丸をスケッチ

一七八七年六月二日、フランスの航海家ラ・ペルーズ率いる探検船が日本海を北上中にこの船と

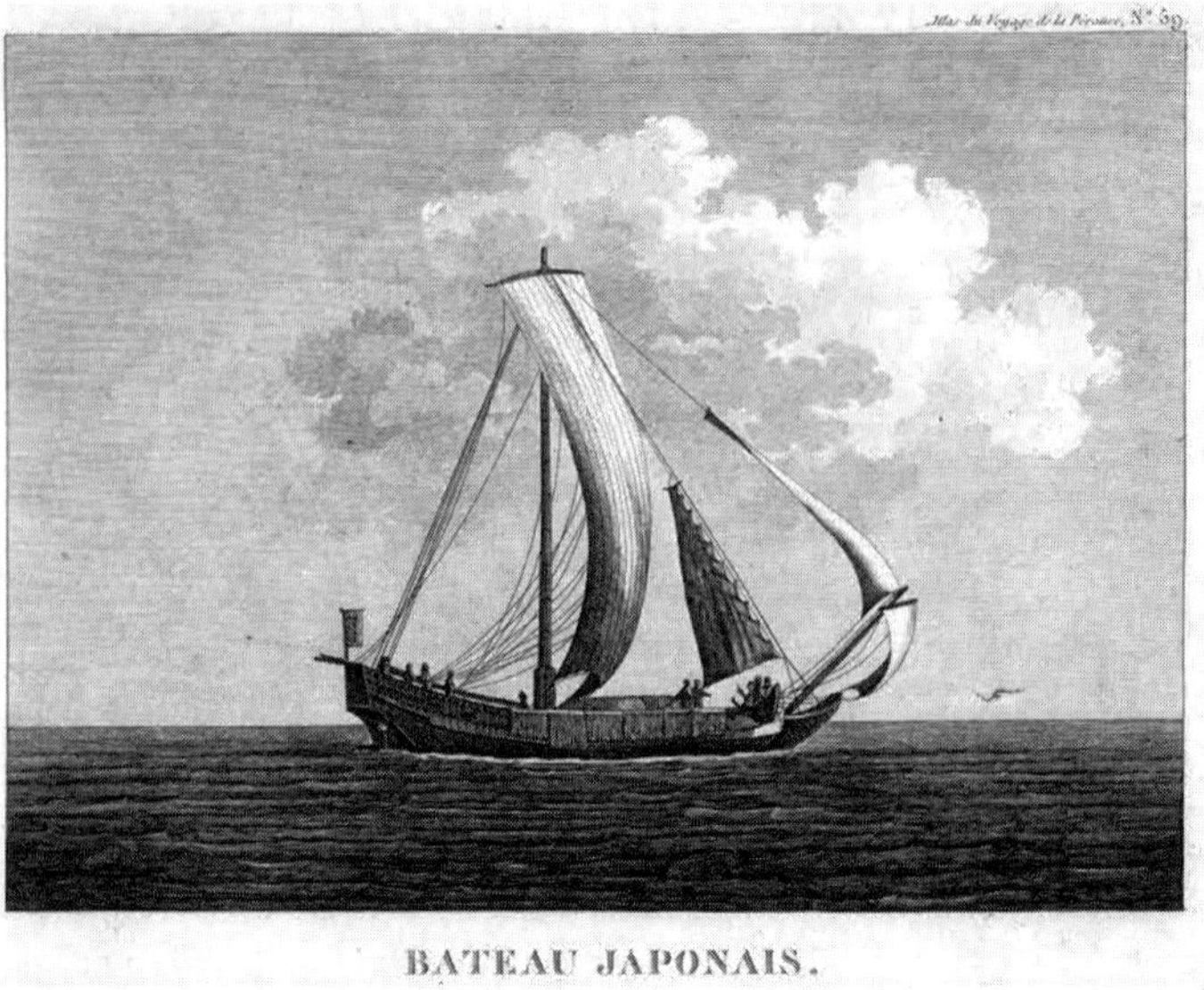

ラ・ペルーズ隊が日本海で遭遇し、隊の画家が描いた三国丸（広島県福山市、広島県立歴史博物館寄託の守屋壽コレクション）

出会い、乗り組んでいた画家がスケッチした。隠岐の北西約二〇〇キロの海域でのことである。

「これは三国丸《さんごく》ですね」という木村直樹・長崎大教授の指摘で船の来歴がはじめて分かった。日本、中国、オランダ三国の船の特性を折衷して幕府が造った実験船だったのである。

鎖国政策の下で帆が一枚に制限された和船は遠洋を渡れず、難破も多かった。一方でロシア船が北方に現れ始め、日本近海も様変わりしていた。時代に合う船を探る中で造られたのが三国丸である。

ラ・ペルーズの航海記によれば、三国丸は互いの顔が見えるほど近くを過ぎたが、呼びかけても通じず南へ去った。「見たこともない西洋船のことを急報するためだろう」と推測している。

日本にも外に開かれた時代があった。戦国時代の一六世紀、国内から産出された銀や銅を大量に中国に輸出し、明銭や生糸などの輸入品が国内にあふれた。特に石見銀山の銀は有名で、一七世紀前半の世界地図に「IWAMI」との表記がある。ところが江戸時代に入ると銀は掘り尽くされ、海外交易の元手が失われた。一方で、キリスト教の広がりを警戒する幕府は禁教徹底のために寺の檀家制度を導入し、人々の海外渡航も禁じた。こうして日本は一七世紀半ばから世界にほぼ閉じられた内向き国家となる。

それから一〇〇年余り後の一七六〇〜七〇年代、イギリスのキャプテン・クックの探検船は大航海によって太平洋の全貌をほぼ明らかにした。その成果は世界地図に描き加えられたが、西欧から最も遠い日本の北辺だけは空白のままだった。

国王ルイ一六世の命を受け、「最後の秘境（地図の空白地帯）」を目指したのがラ・ペルーズである。地理学や博物学などの学者や技術者を含む二二〇人が二隻に乗り込んで一七八五年に出帆した。大西洋からホーン岬を回ってチリやハワイ諸島、アラスカを探検して太平洋を横断。さらにマニラ、台湾沖を経て日本海に入った。国王の指示は千島列島での毛皮交易や植民地の設置、日本北東部への港開設や交易の可能性を探ることなど詳細にわたっていた。

クックのディスカバリー、エンデバー号がスペースシャトルの名前になったように、探険航海は今の宇宙飛行のような国威をかけた事業だった。

消息絶った後に地図出版

三国丸と遭遇した後のラ・ペルーズ隊は能登沖を経てロシア沿海州に沿って北上した。樺太との間の海峡を抜けようとしたが、水深が浅くて断念する。そこから樺太の岸沿いに南へ引き返し、北海道北端との間の海峡を抜け、千島列島をたどってカムチャツカに着いた。北海道と樺太の間を通過したのは欧米人初で、和名の宗谷海峡はラ・ペルーズ海峡と呼ばれている。ラ・ペルーズは日本列島の北方航海の翌年、オセアニア海域で消息を絶ったが、航海報告書はカムチャツカを経て母国にもたらされた。

ラ・ペルーズ隊が作成した日本近海の地図には実際の航路が書き込まれており、一七九七年に出版された。地理探検の分野でイギリスへの対抗心を燃やしたルイ一六世はしかし、一七八九年に始まったフランス革命により既に断頭台の露と消えていた。

古地図収集家である守屋壽氏が同博物館に寄託した国内外の古地図、絵画などは総数一一五四点。時代を追って更新されてきた世界地図の原点はプトレマイオスの地図である。古代ギリシャ・ローマ時代、大地は球体との考えに基づいた地図を天文学者のプトレマイオスが集大成した。その後のキリスト教社会で忘れ去られたが、ルネサンスを経て一五世紀に復活した。

その地図にアメリカ大陸はない。スペインから西に向かえばインドに着くと信じたコロンブスは一四九二年に「新大陸」を発見した。マゼランのスペイン艦隊は西回りで香料諸島（インドネシア）を目指し、世界を一周した。

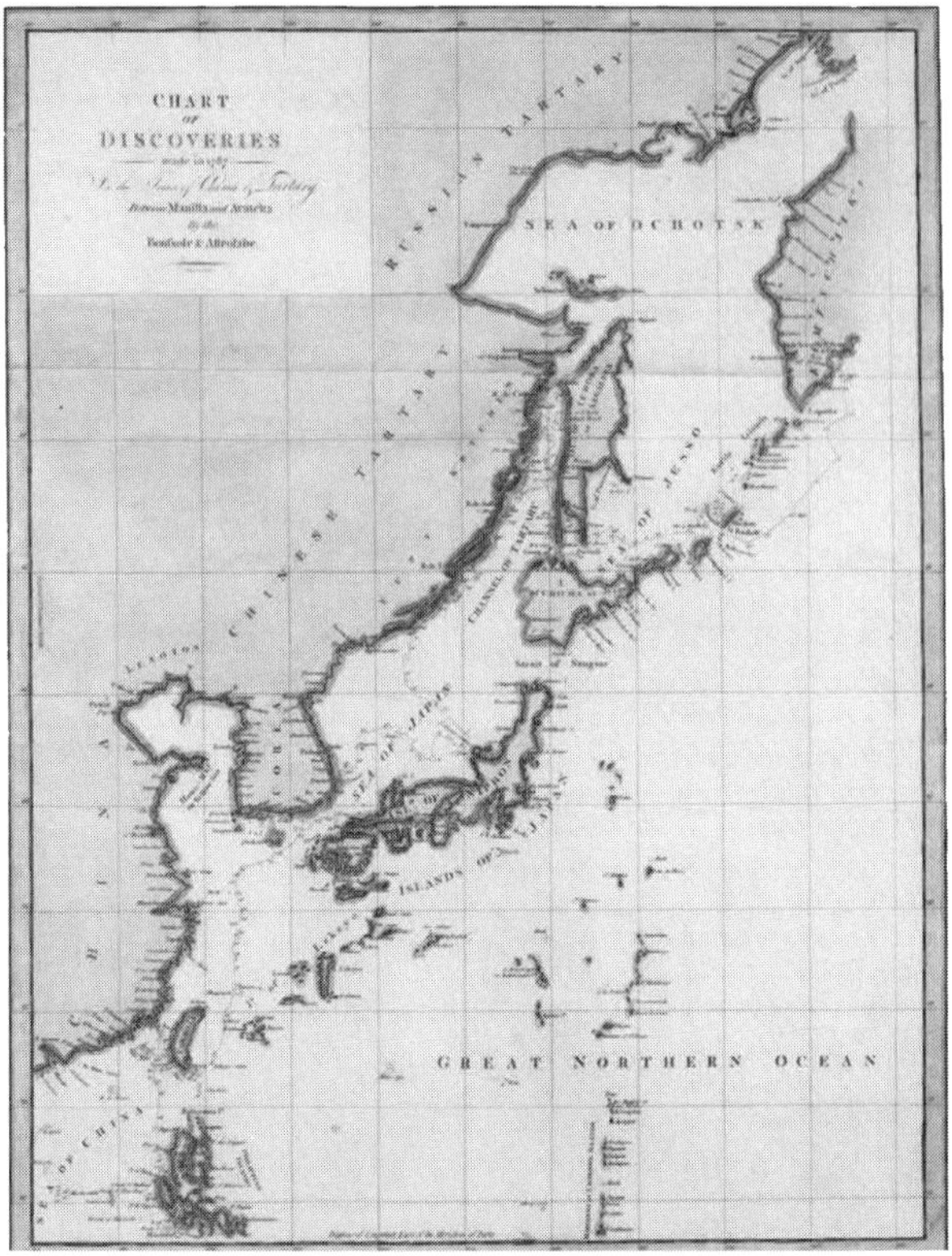

ラ・ペルーズ隊が作製した日本近海の地図。実際の航路が描き込まれており、航海の10年後に出版された（広島県立歴史博物館寄託の守屋壽コレクション）

大航海時代の探検に西洋人を駆り立てたのは好奇心だけではない。非キリスト教徒が住む地の「発見」は植民地化にもつながった。いわば見つけた者勝ちの分捕り競争。一四九四年には、知られざる「新世界」のうち大西洋上の同一経度のラインである子午線の東側がポルトガル、西側がスペインの新領土とするトルデシリャス条約が結ばれた。二大海洋国による乱暴きわまりない条約はローマ教皇に承認される。領土拡大はキリスト教の布教と表裏一体だった。

やがてオランダやイギリス、フランスが太平洋航海に参入する。クックの時代以降、産業革命による製品の消費地を世界に求める新たな使命も帯びてきた。航海後に報告書が出され、それを地図化するビジネスが一六世紀後半に始まる。「未知の島を発見し、名前をつけて世界地図に描く。それが探検航海の勝利の証しだった」（神戸市教委文化財課の三好唯義氏）という時代が続いた。そうして空白が次々に埋められていく世界地図の変遷は、西洋によるグローバリゼーションの広がりそのものと言える。

堀田仁助が蝦夷地調査

ラ・ペルーズが日本海を北上した五年後の寛政四（一七九二）年、ロシア使節ラックスマンが根室に来て通商を求めた。ロシア南下の足音に大慌ての幕府は蝦夷地の地理調査に乗り出す。

起用されたのは山陰の津和野藩（島根県西部）出身の天文学者堀田仁助《にすけ》である。藩の船屋敷があった廿日市（広島県廿日市市）の生まれ。数理の才が抜群で、三〇歳代で幕府天文方に抜てきされていた。北海道東部の太平洋岸の地図を作ったのは伊能忠敬の蝦夷地測量の前年、一七九九年のことである。門弟や使用人を伴った堀田は宮古（岩手県）から厚岸（北海道）まで船で天体観測して航路を開いた。帰りは厚岸から松前まで陸路を測量した。幕命にはなかったのか、陸路踏査したことを「不埒」と幕閣にとがめられた。だが、正確な地図製作には欠かせない調査で、その手法は伊能へと引き継がれた。

堀田は晩年、津和野に帰って藩校で後進の指導に当たった。自身が影響を与えた伊能の仕事に深い敬意を抱いていたようだ。津和野町の郷土館に作製した蝦夷地地図、太皷谷稲成神社に天球儀と地球儀が残る。廿日市市の佐方八幡神社には「天文生堀田仁助」と刻んだ石灯を寄進している。

ほの暗い照明の下、日本初の蝦夷地地図を見た。グローバリゼーションの波がひたひたと寄せる中、天文生の良心に忠実であろうとした堀田の心ばえに触れる思いがした。

伊能図を完成させた男　箱田良助

広島県東部の神石高原町時安に「伊能忠敬測量之地」の碑がある。ここから瀬戸内海をはさんで石鎚山と剣山をにらみ、本州と四国の位置を地図上に定めた三角点とされる。

最近はＰＭ二・五のせいか広島側から四国連峰が見える日はめっきり減った。文化八（一八一一）年二月に伊能忠敬一行が訪れたときは、すっきり見渡せたことだろう。

＊

測量学び内弟子に

当時の伊能隊の隊員一八人の中に箱田良助の姿もあった。一九歳で内弟子となり、初めて参加した測量旅行。江戸をたって関東、木曽路を経て九州を回り、すでに一年半になろうとしていた。隊としての第七次測量に当たる。

良助は福山市神辺町箱田、当時は箱田村の庄屋だった細川家に生まれた。神辺なら高名な漢詩人の菅茶山の教えを受けたと想像するが、茶山側の資料からは確認できない。だれかの仲介で伊能に面会し、優秀さと人柄を認められたと思われる。一七歳のとき兄と一緒に江戸の伊能宅で測量術を学び始め、兄はほどなく病死した。

伊能は五五歳になった寛政一二（一八〇〇）年に蝦夷地から測量を始めた。第三次測量（一八〇二年）以降は十分な公費が出た。東日本沿海図の出来栄えを将軍に見てもらった後の第五次（一八〇五～一八〇六年）以降は幕府の直轄事業になった。老中からの先触れで沿道の村々が宿や労力を提供し、諸藩も便宜を図った。

文化元（一八〇四）年にロシア使節のレザノフが長崎に滞在して通商を求め、幕府に拒まれた後はレザノフの部下が樺太などの日本の拠点を攻撃する事件が起きた。正確な地図づくりは時代の要請でもあった。

地図づくりは、竹ざおを立てて縄や鎖で距離を測り、磁石で方角を割り出した。宿に帰ると象限儀で恒星の高度を測り、緯度を求めた。最先端の天文学の知識や毎日歩いて移動する体力、忍耐力も要る。今の宇宙飛行士にも似たハードで希少な職業だった。

良助が初めて測量に同行する前の誓約書が残る。弟子にしてもらったことを感謝し、「権威をかさに着ず、まじめに勤務します。酒や遊び不行跡なことはしません。役に立たず、気に入らないときは解雇してください」。さらに「万一、旅先で病死などしましたら、その場に葬ってもらって結構です」と続ける。

今も残る箱田良助の生家。土塀の構えから当時の財力がしのばれる。生誕碑も近くに立つ（広島県福山市神辺町箱田）

箱田姓が示す命懸けの決意

誓約書には父の細川園右衛門の署名とならんで箱田良助とある。家では箱田姓を使った時期があるともいうが、細川姓でない村名をなぜ選んだのだろうか。

箱田村は山陽道のやや北側で、平野と低い山が連なる。今も残る良助の生家は土塀に囲まれた広壮な屋敷である。箱田姓の使用を、村を代表して伊能隊に参加する高揚感の表れとみるべきだろうか。

「どこで野たれ死んでも、地名が付いていれば分かりやすい。そんな覚悟を込めたのでは」（矢田笑美子・菅茶山記念館学芸員）との見立ては、誓約書の内容にも符合する。命懸けの決意を胸にしまって測量に赴いたとも思えてくる。

村名を背負って各地を巡った良助は、やがて伊能の厚い信頼を得て内弟子の筆頭となる。最後の第一〇次まで七年間、二万キロを優に超す測量に同行した。伊能亡き後の一八二一年、大日本沿海輿地全図を完成させ幕府に献上した。

武士身分を望んでいた良助はその翌年、幕臣である榎本家の養子となる。御徒士榎本家の株を買うための持参金千両は実家の支援だけでは賄えず、不足分を伊能家に立て替えてもらった。ところが農民身分が問題とされたのか福山藩阿部家の許可が下りず、そのころ交流を深めていた菅茶山の甥《おい》と申告して事なきを得た。

箱田姓から榎本姓に、名も圓兵衛武則と改めた。脱皮して転生するかのごとくである。後に天文方に出仕し、勘定方、旗本へと昇進し、七〇歳まで勤めた。

江戸の出来事をこまめに国元の実家や縁者に書き送った。万延元（一八六〇）年に死去する直前には、桜田門外での大老井伊直弼の暗殺事件を伝える書状を実弟宅に出している。

「雪の三月三日、井伊殿の御登城の列が桜田門外に差し掛かった。赤合羽を着て小笠をかぶった水戸殿の家来二十人余が直訴と見せかけて駕籠に近寄り、供回りを短銃で倒した音を合図に切り込んだ。双方に死人怪我人多数。そのうち一人がしめたと大声を発し、戦うのをやめ逃げ去った」とある。事実関係を簡潔にして生々しく記し、新聞記事を読んでいるような気になる。

次男榎本武揚は父譲りの万能人

その箱田良助（榎本圓兵衛武則）の次男が榎本武揚である。長崎海軍伝習所で学んでオランダに留学し、科学技術や国際法まで幅広く身に付けて帰国。戊辰戦争では幕府海軍を率いて箱館で最後まで戦った。敗れても卓越した知識を評価され、明治に入り逓信、農商務、外務大臣などを歴任する。

駐露公使だった武揚が明治一一（一八七八）年にシベリアを横断した折りの日記は、地理や地質、植生、産物、人種などを細かく観察したレポートとなっている。この父にしてこの子ありの感を禁じ得ない。地学協会、電気学会なども創設した明治の万能人だった。

箱田良助のことは歴史の波間に埋もれかけていた。地元の観光協会などが呼び掛けて二〇〇一年に生誕碑を生家そばへ建立し、菅茶山記念館（神辺町）で初の企画展も開かれた。二〇〇四年には伊能忠敬測量之地碑も建てられた。

大日本沿海輿地全図を幕府は海防上の理由から厳秘とした。一八二八年、その縮図をドイツ人医師のシーボルトが国外に持ち出そうとして見つかり、贈った天文方の高橋景保らが処罰された。

グローバリゼーションの広がりとともに地図情報の公開は欧米では当たり前になろうとしていた。その四〇年余り前、日本海を北上したフランスの航海家ラ・ペルーズは「特殊地域の航海を覆う全てのベールは除かれ、人々が周辺の海と陸地を知る時代が訪れるであろう」と航海記に記している。

西洋発の国際基準にやがて幕府もあらがえなくなる。海岸線を測量しようとしたイギリス船に伊能図の一部を渡す事態も発生。ついに一八六七年のパリ万国博覧会で、伊能図を基にした官板《かんぱん》実測日本地図を公開した。将軍徳川慶喜の弟昭武はフランス皇帝ナポレオン三世にこの地図を贈っている。

なぜ方針転換したのだろうか。「優れた地図を世界に披露して国土の範囲を明確にし、日本が近代国家であることを訴えようと幕府は考えた」（川村博忠・元山口大教授）との見方がある。

パリ万博は、地図の世界で日本が内外に開国を宣言する画期となった。

人車船と陪臣　秋良敦之助

人力でろくろを回して歯車を動かし、両舷の車輪を回転させて進むから人呼んで「人車船」。そんな風変わりな木造船の模型が「長門の造船歴史館」（広島県呉市倉橋町）にある。広島県最南端の倉橋島にある目立たぬ展示だが、由来は嘉永六（一八五三）年のペリー来航にさかのぼる。西洋列強の近代技術に圧倒されながらも、なんとか追いつく方法はないかとやみくもに動き回らずにはおれなかった時代の産物である。

＊

ペリー来航後に実験重ねる

浦賀沖に現れたペリー艦隊は、煮え切らぬ対応を続ける幕府を威嚇するため江戸湾奥深くまで測量艇を進入させた。護衛に当たった蒸気船ミシシッピ号は石炭をもくもくたいて自在に動き回り、江戸の人々の度肝を抜いた。とりわけ船の両側で推進力を伝える大きな外輪は先進技術のシンボルのように人々の目に映った。

その二年後の安政二（一八五五）年、古くから船造りが盛んだった倉橋に長州藩の秋良《あきら》敦之助《あつのすけ》（一八一一～九〇年）が現れ、船棟梁《とうりょう》の怒和《ぬわ》屋に頼み込んだ。「蒸気船のように外車輪でよく動き、大砲を発射してもびくともしない船はできないものか」。怒和屋が長州藩の船を手掛けてきた縁をたどっての依頼だった。

怒和屋はまず一〇分の一の模型を作った。長さ一・八メートル、幅四五センチ。「利渉船倉橋丸」の名で展示してあるのがその改良型である。「利渉」とは水の中を便利に進むといった意味だろうか。

人車船の模型。両輪を舷の外側に出し、右端の穴に棒を立ててろくろを回して動かした（広島県呉市倉橋町、長門の造船歴史館）

秋良は、長州藩家老で阿月《あつき》（山口県柳井市南部）を本拠にする浦靭負《ゆきえ》の家臣である。当時は主君ともども江戸詰めで、ペリー来航の二カ月余り後に人車船を考案した。江戸藩邸の堀池で船大工たちと実験を繰り返し、ついには藩主の前で披露する。その後、実用化の見通しが立たず、倉橋に赴いたようである。

蒸気船の出現は、海外渡航を禁じた鎖国政策を根底から覆した。幕府は大船建造の禁止令を解き、各藩に大型船建造を勧めた。百八十度転換である。

風雲急を告げる中、長州藩も新たな船造りを模索する。家臣の家臣に当たる「陪臣」の秋良が藩主に直に船造りを提案するのは平時ならあり得ない話である。幕末という乱世だからこそ、実力で頭角を現すことができた。

秋良が生まれた阿月は目の前に海、向かいに周防大島などの島影が横たわる。関ケ原の戦い後に毛利氏に従って山口へ移る前、浦氏が本拠にした忠海（広島県竹原市）からも多島美の海が望め、両者の風景はどこか似ている。

浦氏は戦国の世で小早川水軍の一翼を担った。今も阿月の浜辺で毎年二月、小早川氏の軍神祭の流れをくむ神明祭が催される。小早川隆景が三原城を築城した広島県三原市の神明市と同じく「とんど」行事がある。祭の中で新婚男性を真冬の海に投げ込む「水祝い」も、水軍の歴史を想起させる風習ではある。

戦国時代は水軍だった浦氏が本拠にした阿月。ここで生まれた秋良敦之助は浦家の重臣として藩内外に人脈を築いた（山口県柳井市阿月）

潮目を読んで乱世を渡る海賊衆の身上は情報力と臨機応変。秋良の生き方にも通じる。浦家の財政を立て直して重臣となり、藩内外に人脈を築いた。嘉永五（一八五二）年に山口県西部の豊北沖に異国船が現れた際、かねての準備通り一二〇人の家臣を率いて五隻の船で萩城下に向け出陣した。異国船退散の報を受け途中で引き返したが、迅速な出陣ぶりが藩内でも評判となった。

人脈駆使　複数ルートで建造

人車船造りに当たっても、幕府の洋式帆船の建造現場を事前に見学し、倉橋以外にも複数のルートを使った。上方では儒学者の梅田雲浜《うんぴん》の紹介で、長州藩の物産交易に携わる大和の豪農村島長兵衛の出資を得た。竜骨造りの西洋型船で甲板はデッキ張りというから、甲板のない和船の倉橋タイプとは異なる。安政四（一八五七）年に第一号の隼《はやぶさ》丸、続いて第二号船も完成させた。

梅田雲浜は若狭出身で尊王攘夷運動を先導し、安政の大獄で安政六（一八五九）年に獄死した。秋良の人脈には吉田松陰、久坂玄瑞ら志士も多い。黒船乗り込みを目指す松陰が江戸の長州藩上屋敷を訪れ、真っ先に密航計画を打ち明けて金の工面を頼んだのも秋良だった。いったん承知した秋良だが、親しくしている松陰の実父杉百合之助を裏切ることはできないとして結局は断っている。杉百合之助はかねてから松陰が過激な行動に出ることを心配し、秋良にも言い含めていたようだ。

浦家の本拠地阿月には学問所の克己堂があり、秋良はここで後進を指導した。後に第三代奇兵隊総督となった赤禰《あかね》武人《たけと》が武士身分を得るための養子縁組の世話もしている。湾を挟んで向き合う遠崎（柳井市）の「海防僧」月性《げっしょう》とは盟友関係で、月性は陪臣の秋良を「東洋第一流の人物」と評したこともある。

新造なった人車船で月性と夜の海に出た秋良は船の性能を自慢し、月性は漢詩を詠んで杯を重ねた。ところが翌朝、酔いが覚めると船脚の遅さに驚いたという。緊迫した時代の中にあって、肩の力がすっーと抜けるような面白いエピソードである。その後、実際には櫓《ろ》こぎで交易や兵員輸送に使われたようだ。

ところで、上方ルートを採用した秋良からの連絡が途絶えた倉橋では、独自に人車船の開発を進めた。これを目に止めた広島藩の役人が興味を示した。船大工たちが改良を重ねた利渉船倉橋丸の模型を広島城に運び込み、泉水に浮かべて藩主に見せた。時速一〇キロぐらい出せるめどが付いて大船で試してみたが、ろくろ綱に無理があり実用化を断念したという。

蒸気船開発するも破砕

秋良と村島は、続いて蒸気船の開発にも乗り出した。柳井市の郷土史研究家村上磐太郎氏によれば、オランダの技術を学んだ土佐の浪人を工匠にして伊勢の二見浦で安政六（一八五九）年、長さ二〇メートルの蒸気船を完成させた。翌年、大坂から阿月を経て萩まで回航して長州藩主に献上した。その後、蒸気機関の修理で大坂へ戻ったが、淀川河口で破砕したという。

薩摩藩による日本初の蒸気船試験に遅れること四年。洋式帆船の建造を安政二（一八五五）年に始めた幕府や各藩も蒸気船造りは難しかったようで、中古船などの輸入に切り替えた。

西洋列強との海軍力の圧倒的な差を少しでも縮めようとした秋良の試みは実を結ばなかった。しかし、ペリー来航を機に何かせずにはおれないという陪臣の躍動ぶりは、幕末乱世ならではのことだろう。時代の勢いが人車船を生んだとも言える。

秋良は行動力抜群だったが血気にはやる志士とは違い、周到な準備を踏む実務家だった。後進は相次いで悲運に倒れたが、自らは維新後、各地の神社宮司となり恬淡《てんたん》とした後半生を送っている。

洋式造船の技　プチャーチンの置き土産

伊豆半島西側のつづら折りの山道を車で下ると、戸田《へだ》港（静岡県沼津市）が見えてきた。腕のように延びた砂嘴の内側に湾があり、海辺に近い道路わきに目指す造船記念碑があった。日本人とロシア人が協力して西洋式帆船ヘダ号を建造した浜辺は、残念ながら埋め立てられて駐車場になっている。

ロシア艦が安政東海地震（一八五四年）による津波を受けた後に沈み、その代船として造られたのがヘダ号である。この地から洋式造船の技術が広まり、伝播先の一つに長州藩もある。

＊

津波と嵐でロシア艦沈没

ロシア皇帝の使節プチャーチンの艦隊は嘉永六（一八五三）年、国交交渉を始めるため長崎に来航した。その一月余り前に力ずくで江戸湾へ侵入したペリーに比べ紳士的だったが、樺太や千島列島における日露国境の線引き交渉が難航した。やがて欧州でロシアがイギリス、フランスを敵に回すクリミア戦争が始まり、落ち着いて交渉できなくなる。アジアに展開する敵国の英仏艦に見つか

ヘダ号の造船地跡に建てられた碑。跡地は埋め立てられて駐車場になっていた（静岡県沼津市戸田）

るのを避けるため、長崎を離れてフィリピンに逃れ、そこからさらにロシア沿海州に向かうなど頻繁な移動を余儀なくされたのである。翌嘉永七（一八五四）年に和親条約を結ぶ米国に先を越された。

プチャーチンの苦境はなお続く。沿海州で新鋭の帆走艦ディアナ号（約二千トン）に乗り換え、箱館や大坂沖を経て、ようやく下田で幕府との交渉を再開した翌日、南海トラフを震源とする地震が発生した。下田港内でディアナ号は津波に翻弄《ほんろう》されて海面上を四二回転し、大砲の下敷きになる死傷者も出た。それでも湾内に漂流する下田の人々をディアナ号船上から次々に救助し、津波が収まるとロシア人医師が上陸して住民の治療に当たった。

船底などが破損したディアナ号の修理の地に選ばれたのが、外洋を航行する英仏艦に見つかりにくい戸田の湾内だった。ところが応急処置を施して移動中に今度は嵐に遭い、駿河湾に沈没する。津波被災の直後にもかかわらず沿岸の宮島村（静岡県富士市）の漁師たちが荒海に飛び込むなど懸命に救助し、五〇〇人余りの乗組員は無事上陸した。

攘夷主義者で知られた水戸藩主の徳川斉昭は、なんとこの機にロシア人全員を殺すよう老中阿部

日露共同で建造したヘダ号の進水式を描いた露西亜船建造図巻（広島県立歴史博物館寄託の守屋壽コレクション）

正弘に進言している。海に生きる庶民たちの方がはるかに人道的で異国人を蔑視する風がなかったことがよく分かる。

日露共同で代船建造

幕府は代船の建造を許し、ロシア人向けの長屋も建てた。ディアナ号から持ち出した二本マストに縦帆を張るスクーナー船の設計図を基に日露の共同作業が始まった。言葉や長さの単位も異なる。ロシア側が実物大の設計図を引き、戸田や近隣から集められた船大工が作業に当たった。

和船は船底板から横材を上へとつなぐおわんの構造だが、洋式船はまず竜骨を据えて肋骨《ろっこつ》材を固定していく。船大工たちの仕事ぶりはロシアの技術士官が驚くほど緻密で、長さ二四・六メートルの船が起工から三カ月足らずで完成した。

戸田にいる間もプチャーチンは下田に通い、日露和親条約の締結という大仕事をした。第二条で日露国境は択捉島とウルップ島（得撫島）の間に引き、樺太には国境を設けずに両国民混住の地とした。我が国初の国境協定である。

プチャーチンは「ヘダ号」と名付けた新造の代船に四七人の部下と乗り、安政二（一八五五）年に沿海州へ帰国した。「我が魂を永遠にこの地にとどめ置くべし」との言葉を戸田に残した。他の乗組員は米国やドイツの商船を雇って帰った。

ペリー来航後に幕府は大船建造の禁を解いた。各藩では外洋を安全に渡れる洋式造船の技術習得に躍起となっていた。そのころ、江戸の長州藩邸にいた木戸孝允は、独自に洋式帆船を造った浦賀奉行所の与力に学んでいたが、ヘダ号の同型船を造るのが近道と知らされる。

戸田では、ヘダ号の性能を認めた幕府の命令で同型船六隻が相次いで建造中だった。長州藩は木戸に戸田視察を命じ、安政三（一八五六）年には戸田の船大工ら四人を萩（山口県萩市）に招き、恵美須ヶ鼻に造船所を設けた。

藩内から船大工が集められ、五カ月余りかけて完成したのが「丙辰丸《へいしんまる》」である。藩の主力艦として海軍の練習や物産交易に使われた。この造船所では、オランダの技術を用いて二隻目の軍艦「庚《こう》申丸《しんまる》」も建造された。

このほかのヘダ号の技術伝播先としては、江戸の石川島で四隻、田原藩（愛知県）でも一隻の同型船が造られた。戸田の船大工からは、国内初の蒸気軍艦造りを手掛けた堤藤吉、オランダ留学を経て明治政府による国産軍艦の建造に携わった上田寅吉のような人材も出た。

急速な産業化の二面性

「明治日本の産業革命遺産」（八県の二三資産）が二〇一五年、世界文化遺産に登録された。遺構がほぼそのまま残る「恵美須ヶ鼻造船所跡」は萩反射炉など萩市内の他の四件とともに資産認定された。ヘダ号を造った浜辺（静岡県沼津市戸田）は当時の姿をとどめておらず、最初から候補にもならなかった。

西洋技術を積極改良して日本の伝統に適合させ、幕末の一八五〇年代から明治期末の一九一〇年までの間に急速に産業化をなし遂げたサクセスストーリー。その半面、産業発展が可能にした富国強兵は膨張主義と結び付いて戦争を繰り返し、近隣国に大きな災厄をもたらした。長崎市の軍艦島（端島炭坑）など朝鮮半島出身者が強制徴用された施設が一部あるとして、韓国が世界遺産登録に反対したことは記憶に新しい。今に尾を引く近代化の二面性である。

戸田とロシアの間にわだかまりはない。ヘダ号は安政三（一八五六）年、日本に返還された。明治に入り一八八七年にはプチャーチンの娘が戸田村を訪れ、父の遺言による寄付も行った。日露戦争、第二次大戦を挟み一九六九年には戸田造船郷土資料博物館の建設に当たりソ連政府が五〇〇万円を寄贈した。同館にはヘダ号関連の展示がある。二〇〇五年には日露友好一五〇周年記念碑が戸田と下田、富士市そしてプチャーチンの出身地で旧ロシア帝国首都のサンクトペテルブルグの計四カ所に建てられた。

助け、助けられて津波被災をくぐり抜けた交流は、時代や目先の国益を超えて続いている。プチャーチンが残したものは近代造船技術だけではなかったのである。

蒸気船バブル　利を追う時代へ

周防灘に面した山口県宇部市の南西部に妻崎新開作《つまざきしんかいさく》と呼ばれる一帯がある。かつては魚が湧く遠浅の海だったが、水底には石炭の鉱脈が延びていた。それを効率的に掘り出すため長州藩は一一八ヘクタールを埋め立ててしまう。万延元（一八六〇）年のことである。

＊

長州藩直営で石炭開発

蒸気船燃料として石炭需要の高まりを見据えた藩直営の開発で、漁家は好漁場を奪われた。産業近代化へと舵《かじ》を切る瀬戸内での大規模埋め立てのはしりである。

山口県山陽小野田市から宇部市にかけての石炭は江戸時代、塩づくりに使われていた。燃焼熱量が高すぎないのが蒸気船向きと分かり、一躍脚光を浴びる。漁師町と妻崎新開作を隔てる運河沿いに藩は石炭方を設け、蒸気船向けの燃料を積み出した。

嘉永六（一八五三）年にペリーが来航し、無風でも自在に動く蒸気船は人々を驚かせ、脅威の的となる。幕府は海軍創設の必要に迫られて翌年、オランダに蒸気軍艦の建造を依頼した。最初に引き渡されたのが、後に太平洋を渡る咸臨丸《かんりん》である。

西洋先進技術のシンボルである蒸気船は、列強に対抗する海防強化の花形となった。自前の蒸気

石炭を掘り出すために長州藩が浅海を埋め立てた妻崎新開作（道路右側）。水路は石炭を積み出した運河跡（山口県宇部市妻崎開作）

船を造ろうと薩摩藩や長州藩も挑んだが、機械工業の蓄積なくして不可能と分かった。結局、欧米から主に中古船を買い付け、国産は幕府建造の一隻だけだった。

幕府は文久二（一八六二）年に各藩に軍艦の輸入を許可し、費用のかさむ参勤交代も大幅に緩和した。各藩で海防を進めさせようという誘導策でもあり、諸藩は新たに生まれた財源で争うように蒸気船を買い入れた。軍艦と呼ぶが、実態は小ぶりの砲を備えた商船だった。

蒸気船の数は幕府の二八隻を筆頭に薩摩、長州、佐賀など一九藩の保有を合わせると八〇隻余りにのぼった。短期間での蒸気船バブルである。

広島藩も他藩の動向を探り、江戸の幕府軍艦操練所で乗員の訓練を始める。文久三（一八六三）年三月、英国製の蒸気船を横浜で購入した。長さ四五メートル、幅六・三メートルで一八一トン。八〇馬力のスクリュー推進で震天丸と命名した。これを含め幕末に計五隻を買っている。

震天丸と万年丸（二七〇トン）、豊安丸（四七三トン）の主要三隻はいずれも現場藩士の判断で購入した。「藩庁の意向を確認する間にも機

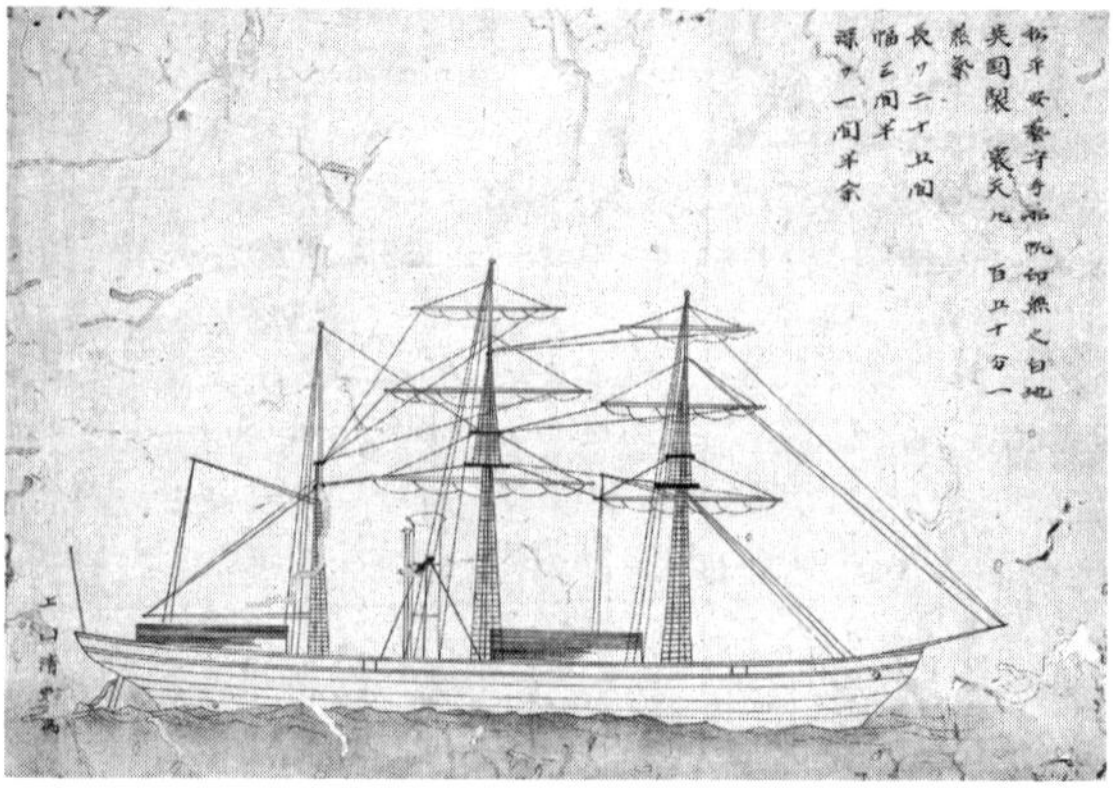

広島藩が文久3（1963）年に初めて購入した蒸気船「震天丸」の絵図（東京大駒場図書館蔵）

会を逃す恐れがあった」（蒸気船研究者坂本卓也氏）からである。売り手市場で不良品をつかまされないよう胸震わせる買い物だったに違いない。

大量輸送や情報伝達に威力

風待ち、潮待ちが要る帆船だと広島から大坂まで六日間程かかったのが、蒸気船は最短二日で結び、大量輸送も可能にした。購入五カ月後の震天丸は、長州藩や尊攘激派の少壮公家が京都から追われた文久三（一八六三）年八月一八日の政変（「七卿落ちの絵」で詳述）を受け、藩兵四〇〇人を広島から三日間で上京させた。陸路だと十数日の行程である。

万年丸は慶応三（一八六七）年一〇月には、将軍徳川慶喜による大政奉還とほぼ同時に薩摩、長州藩へ下された「倒幕の密勅」も運んだ。長州藩の広沢真臣《さねおみ》らが大坂を出た二日後、山口にいた藩主毛利敬親に届けている。翌月には薩長芸（安芸＝広島）三藩の倒幕に向けた出兵同盟により豊安丸と万年丸が兵庫沖まで長州艦を先導した。長州勢は西宮に着いたが、王政復古（一二月九日）に伴う朝敵指定の解除を待って入京した。

翌慶応四（一八六八）年一月の鳥羽・伏見の戦いのさなか、京都をたった長州藩の井上馨《かおる》が尾道の長州兵に進軍の朝命を伝えたのも蒸気船利用だったに違いない。旧幕府軍敗北から三日後の九日、福山城を攻めて無血開城させた。

幕末動乱期には、変事に即応した兵員や武器の大量輸送そして素早い情報収集が勝敗を決した。蒸気船は戦闘能力よりも高い兵たん機能で大いに貢献したのである。

泣きどころは故障や事故の多さ。運転技術が未熟な上に、塩水をたくためボイラーの傷みが早かった。震天丸は幕府の造船拠点だった長崎製鉄所でシリンダー交換の大規模修理をした。ボイラー管から蒸気が漏れた豊安丸では丸太を打ち込む応急修理をしている。万年丸は慶応四年八月、北越戦争に赴いた越後で暴風波のため座礁して沈没した。

燃料の石炭を広島藩はどう確保したのか。塩田用だった三原仏通寺山の採掘炭を利用しただけでなく他領からも調達したようだ。震天丸が一日に使う石炭は二〇トン余で、仏通寺炭の年間産出量を二五日程度で消費するからである。

平時には高コストがネック

当時の燃費は、採算度外視の軍事目的以外に使えないほど悪かった。戊辰戦争が終わり平和な時代が訪れると、自然エネルギー利用の帆船に比べて高いコストがネックとなる。諸藩は蒸気船を持て余して新政府へ次々に献納し、民間にも売却した。

蒸気船の運用が減ると、石炭バブルもはじけた。専売制の導入など藩主導の開発を進めた長州藩も打撃を受ける。「数倍に高騰した石炭が明治に入って値崩れし、藩が目指した専売制は失敗に終わる」（内田鉄平・宇部フロンティア大特命准教授）という結末を迎えたのである。

目まぐるしい変化を経て、宇部の石炭が地域産業として発展軌道に乗るのはさらに十数年先の明治二〇年代初頭のことである。妻崎新開作の沖合は炭鉱廃土でさらに埋め立てられた。

蒸気船という化石燃料動力の導入は利便性を飛躍的に向上させた半面、瀬戸内海に慌ただしさと騒々しさを持ち込んだ。

往来が増えると事故も増える。慶応三年四月、坂本龍馬らが乗る大洲藩船いろは丸が紀州藩船と衝突して福山の鞆沖で沈没した。龍馬は万国公法に基づく談判により紀州藩から八万両余りの賠償金を得て和解した。今の事故処理の原型といえるだろう。

山口県上関町周辺の海底のあちこちにクジラの骨が埋まっている。コククジラが繁殖のため豊予海峡を抜けて回遊してきていたらしい。姿を消したのは蒸気船の大きな音を恐れたためと推測されている。海洋生物の生態系という海の環境への影響が出ていた可能性もある。

蒸気船バブルを先読みした長州藩の石炭開発は、外国との貿易拡大というグローバリゼーションに対応した動きでもあった。そうした潮流をより長期的なスパンで見れば、世界に開かれた大交易時代への復帰と見ることもできよう。

戦国時代後期から江戸時代初期の日本は世界経済を駆動させるほど大量の銀を輸出し、生糸や絹織物などを輸入した。ただ長くは続かなかった。徳川家康の命を受けた大久保長安が石見銀山、佐渡金銀山を開発した江戸初期をピークに、輸出に回せる銀や銅の資源が枯渇し始める。徳川政権は貿易窓口を長崎、対馬、薩摩、蝦夷の四か所に限定して海外渡航も禁じる一方、輸入に頼っていた生糸や砂糖などの生産を奨励した。自給型の閉じられた経済への移行である。

倹約から資源消費型経済へ

「倹約」が美徳で、貿易など「利」に走ることは悪とされた。「市場経済が政治・道徳によって抑制され、限られたパイの中での永続という発想が生まれた。自分たちの世代で資源を使い尽くすことは罪悪として、西洋技術による鉱山開発も拒否した」（池田勇太・山口大准教授）という指摘そのままの禁欲的な時代が長らく続いたのである。

こうした時代精神は身分が固定された封建秩序と表裏一体であった。西洋列強との通商が始まると、長州藩の石炭開発のような資源消費型の経済へと移っていく。明治維新後には武士身分は消滅して「四民平等」の世となり、利益の追求は大っぴらになった。それは富国強兵、殖産興業の国策にも沿っていた。

時代の激変は葛藤を生む。妻崎新開作を手掛けた長州藩の行政官の一人は、松下村塾を創設しておいの吉田松陰を厳しく育てたことでも知られる玉木文之進だった。剛直厳正で私利を極端に排した人が「藩利」追求の事業に携わったのも時代の巡り合わせというべきだろうか。

維新後に松下村塾へ戻って後進を指導した玉木は、「利」ばかりを追う世情に巻き込まれることに慨嘆を禁じえなかったようだ。「東洋的なものが廃れ行くことに嘆息する白髪頭の自分も、気づいたら西洋の鞍にまたがっている」という漢詩を晩年に詠んだ。明治九（一八七六）年、政府転覆を狙う萩の乱が鎮圧された後に自決した。

石炭からやがて重化学の工場立地へと浅瀬の埋め立てが続いた瀬戸内海は「産業の海」と化していく。未来世代の資源を先食いしながら「利」を追求してきた近代化の歩みの果てに、地球環境や科学技術の限界が見え始めた。その黎明期に石炭舟が行き交った宇部の運河は、浅い水路となり今も残る。

第二章

ナショナリズムとテロリズム

江戸時代に「くに」と言えば、三〇〇を数えるそれぞれの「藩」のことだった。異国船の度重なる来航という対外危機に直面して初めて、藩を超えた日本国への求心力が生まれてくる。日本古来の精神を尊ぶ国学や復古神道が勢いを増し、万世一系の天皇を求心点にした尊王攘夷と呼ばれる排他的ナショナリズムが台頭した。

尊王攘夷運動の公然化に道を開いたのは、ペリーが来航した嘉永六（一八五三）年の幕府の対応だった。老中首座の阿部正弘は米国書を全大名に公開して意見を求め、幕府専制は内側から崩れた。在野の者も国事を議論する「処士横議」の時代となる。「邪教」とされたキリスト教侵入への恐怖心があおられ、攘夷思想は民衆レベルにまで広がっていった。勅許を得ない通商条約締結を批判された大老の井伊直弼は幕府の専制復活を試みたが、自身が暗殺されて頓挫した。テロリズムの時代の始まりである。

政治の主導権は朝廷に、舞台は京都に移り、幕府は攘夷実行を約束させられた。「即今攘夷」に舵を切った長州藩は外国船の無差別砲撃に乗り出し、開港地の横浜では異人斬りが横行する。京都の鳥取藩邸では藩主側近たちが暗殺される藩内テロまで起きた。とどまるところをしらない激派の暴走に孝明天皇は辟易し、長州勢と尊攘派公家を京都から追放する。

対等な国家同士の通商を是とする開明派もいるにはいたが、その主張は攘夷の嵐にかき消されがちだった。

横議のリベラル　阿部正弘の挙

広島県東部の福山市は、譜代大名だった阿部氏の城下町である。歴代の福山藩主の中でも、ペリー来航時に幕府老中首座だった阿部正弘の存在感は別格である。江戸時代末期の我が国と西洋列強との力の差を目の当たりにした正弘は、激動の時代を乗り切るには人材育成が最重要と考えた。国元にも安政二（一八五五）年、藩校の誠之館を創建する。

その流れをくむ福山誠之館高校の新入生たちが四月中旬、校門近くに移築された重厚な瓦葺き建物に向き合っていた。旧藩校の玄関である。建物の由来について説明を受けた生徒たちは正弘直筆の「御諭書」やペリー由来の天体運行儀など藩校史料の展示に触れ、「奥深い」「誇りに思う」といった感想を口にした。

＊

米国書公開し全大名から意見

阿部正弘は天保一四（一八四三）年に老中に就いた。幕政中枢を占めてきた譜代の大名でも二五歳は異例の若さだった。二年後に首座となり、多難な時期のかじ取りを担う。

嘉永六（一八五三）年に浦賀沖に現れたペリー艦隊は四隻。うち蒸気船二隻は煙を吐きながら外輪を回して自在に動き、甲板には巨砲を載せていた。長崎に回れとの幕府の指示をペリーは無視し、江戸湾内を測量するなど示威行動を取る。江戸市中に黒船の衝撃が広がる中、浦賀に近い久里浜に上陸して米大統領の国書を浦賀奉行に手渡した。

国書には、両国が国交を結んでの通商条約の締結、難破船員の救助や蒸気船への石炭供給などの要求が連ねてあった。「蒸気船でカルフォルニアから日本まで一八日間で渡れる」とも書いてあった。

このとき正弘は、開国を求める米大統領国書を外様も含む全大名や幕府役人に広く回覧し、意見を聞くという前代未聞の挙に出た。

幕閣が全てを決め、外様大名は国政に関与できない従来の慣例からの大転換。権限の放棄とも言える。

黒船の圧倒的な武力の前に、一時は「ぶらかし」と呼ばれる回答引き延ばし策に傾くなど国書の取り扱いに苦慮した末だろう。全国の海岸線を防備するには外様を含めた諸藩の協力が不可欠であった。もう一皮むければ、海防策を巡る幕府役人との確執も背景にあったようだ。

正弘が老中に就いた頃、日本に通商を求める西洋列強の圧力は無視できないほどになり、オランダ国王は日本に開国を勧告した。正弘は弘化二（一八四五）年、その勧告を拒否する返書を老中連署で送るとともに、海防掛《がかり》を設けた。列強の進出に備えて海岸への砲台設置や軍艦建造に乗り出そうとしたのだが、実務を取り仕切る勘定方の役人は財政難を理由に消極的だった。

ペリー来航一年前の嘉永五（一八五二）年には、その予告情報がオランダから長崎奉行にもたらされた。しかし勘定方などの幕臣は真偽の判断すらできず、海防強化も見送った。一方、正弘は情

亜米利加使節饗応之図。再来航したペリー一行を幕府が横浜の応接所でもてなす様子を描いている（福山藩阿部家〈一社〉蟲喰鷹ノ羽蔵・福山市寄託）

日米和親条約調印の地の記念碑。幕府は横浜の浜辺近くに応接所をつくり、条約調印や饗応の会場になった（横浜市中区日本大通）

報を薩摩藩主島津斉彬と長崎警備を担う福岡、佐賀藩主に流す。福岡藩主の黒田長溥はこれを受け、海軍の早期創設などを求める意見書を出した。

こうした外様大名への異例の情報提供からは、「このままだと主導権が移るよと勘定方にブラフを掛けた」（岩下哲典・東洋大教授）といった狙いも透けて見える。幕府内の権力闘争の反映でもあった。

正弘は攘夷派の水戸藩主徳川斉昭を海防参与に迎える一方で、開国派の島津斉彬とも手を結ぶ。調整にたけ、思考が柔軟だった。幕臣の前例踏襲主義では対応できないと腹をくくり、国書公開に踏み切ったのではなかろうか。

知識人、町人からも含め約八〇〇通の意見書が寄せられた。大名の意見は「（アヘン）戦争が起きた清国の例を見ても、諸外国に通商を許せば国の衰退を招く」（長州藩主毛利敬親）との攘夷論が多数派。少数だが「外国と通商を開き、その間に軍備を整えるべきだ」（彦根藩主井伊直弼）との開国論もあった。

戦を避け和親条約締結

ペリーが再来航した嘉永七（一八五四）年、幕府は横浜で日米和親条約を締結した。箱館と下田の開港、漂流民保護と物資補給を認めた。武力に大きな差がある以上、戦を避ける現実的な選択だった。

正弘は朝廷にも米国書を送って意見を聞く姿勢を示したが、通商を除外した和親条約締結について朝廷側からはとりたてて意見を出していない。

そのころから正弘は、富国強兵の種まきとなる改革を矢継ぎ早に手掛けた。大船建造の禁を解いて軍艦をオランダに発注し、長崎に海軍伝習所を創設。品川での砲台建設も進めた。蕃書調所をつくり全国から洋学者を集めた。全面開国となる通商開始に向けた地ならしも始める。

なにより実力本位で人材を登用した。海防掛目付の岩瀬忠震ら開明派の幕臣たちはその後、勘定方とせめぎ合いながら開国政策を進めていく。

「文武を引き立てる学制改革に我が藩より先鞭《せんべん》を着ける」。国元に誠之館を創設した際、正弘が意気込んだのは文武の実績に応じて家臣への取り立てを行う実力主義の導入だった。しかし、世襲が基本の身分社会の否定につながるとして、家臣の猛反対に遭う。

それでも正弘は、運用を緩めながらも実施に踏み切るが、実際には実力本位の処遇の徹底は難しかった。安政四（一八五七）年に正弘亡き後はうやむやになる。正弘の死去の報に接した米国の初代総領事ハリスは「日本のリベラル派にとって大きな損失である」と日記に書いたが、封建の硬い土壌にリベラルの苗は育たなかったというべきだろう。

ただ、米国国書の公開により国政は幕府の専権事項でなくなり、後の政治状況にさまざまな化学反応を引き起こす。

その半世紀余り前の寛政の改革で松平定信は、幕政批判を封じるために「処士横議（在野の者が国事を自由に議論すること）」を禁じた。この言葉に今度は逆に命が吹き込まれたのである。外様大名や家臣、脱藩の志士や知識人たちが藩や身分を超え、朝廷とも結びながら国のあり方を意見し、積極的に政局に関わっていった。

正弘亡き後、押しの強いハリスの巧みな交渉術もあって日米通商条約の締結へと幕府は傾いていく。老中の堀田正睦は条約の勅許を得るために京都に赴くが、正弘の調整型政治の遺産ともいうべき「物言う朝廷」に直面した。攘夷派の少壮公家が猛反対し、孝明天皇も異国との交わりに慎重で、勅許獲得は失敗に終わる。

幕府内では、将軍家定の後継として紀州家の慶福を推す南紀派と徳川斉昭の子の慶喜を推す一橋派の対立も深まっていた。局面を打開しようと家定は安政五（一八五八）年、南紀派の井伊直弼を大老に任命した。

違勅調印がテロの時代を招く

井伊はただちに後継将軍を慶福に決める。対米交渉は一橋派だった正弘に登用された幕臣たちに任せざるを得ず、開国派である彼らに主導される形で井伊は勅許なしの条約締結に踏み切った。

この違勅調印は嵐を巻き起こした。大老を責めようと水戸藩の斉昭ら有志大名が江戸城中に押し入り、調印に激怒した天皇は攘夷派の水戸藩へ密勅を降下させる事態となる。憤激する攘夷派に対し、井伊大老は大弾圧を始めた。有志大名を軒並み謹慎処分とし、多くの志士や公家らも標的にした。いわゆる安政の大獄である。

すこぶる強権的な井伊の治世は正弘時代の反動ととらえることもできようが、暴力は暴力を呼ぶ。追い詰められた水戸藩の脱藩士らが安政七（一八六〇）年、桜田門外で井伊を暗殺した。

テロリズムの時代が幕を開け、政局は堰《せき》を切ったように流動化していく。横議のリベラルは誰にも止められない勢いとなり、やがて幕府の倒壊につながる。

対外危機と真宗説法　僧月性

山口県柳井市内を歩くと、「月性《げっしょう》生誕二〇〇年」と書いたのぼりがあちこちで目に入ってきた。

儒学的教養と詩才に富み、海防の重要性を民衆に説いて一大旋風を引き起こした真宗僧の月性。周防大島を対岸に望む同市遠崎の妙円寺に生まれて二〇〇年となる二〇一七年、その古里では「いま、蘇る幕末維新」と題した連続講演会も開かれた。

＊

法話で民衆を海防に動員

ペリー来航が引き起こした対外危機の高まりは、瞬く間に全国へ波及する。西洋列強による植民地化への危機意識は、邪教とされてきたキリスト教への恐怖と表裏一体で語られることで増幅された。攘夷という排外的ナショナリズムは、今の私たちが想像することは難しい宗教的なおどろおどろしさを伴って民衆レベルへ浸透していった。

防長の地（山口県）は三方を海で囲まれている。幕府がペリーと日米和親条約を結んだ直後の安政元（一八五四）年、月性は地元近くの寺で海防を説き、感銘を受けた領民に鉄砲を献納させて評判となった。翌年には萩の城下でも立て続けに法話会を開き、武士から庶民まで多くの聴衆を集めた。法話で強調したのは、幕末に台頭していた廃仏論に対する仏教擁護の「護法」と「護国」そしてキリスト教を防ぐ「防邪」の一体論である。

「西洋人は武力とともにキリスト教で人心を取り込み、ついには国を取る」。舌端火を噴く勢いで月性が断じると、聴衆は怒りに打ち震えたという。列島を覆う西洋列強の脅威に「皇国の民」は何をなすべきか。「海岸を襲われたら竹槍や鎌を持ち、身命を賭して戦って極楽へ往生しよう」。そう

妙円寺境内にある月性の立志の詩碑。右奥に再建された私塾の建物がある（山口県柳井市遠崎）

説かれると皆が感涙にむせんだと伝えられている。

　そのころ吉田松陰は、黒船での密航に失敗して萩の野山獄にいた。獄舎の雑役人が月性の話に感動して報国の念に燃えるのを見て心底から驚嘆している。高杉晋作は感涙する聴衆と同席したようで、「城下の家臣にも月性の話を聞かせて海防への人心を一つにせよ」と主張するほどだった。

　仏法を説く僧侶は、封建社会にあって人々に直接語り掛けることができる例外的な存在で、法話は民衆とつながる「生メディア」だった。長州藩の長い海岸線は武士だけでは守れない。仏法の力で民衆を自発的に海防に動員させる月性に、藩の重臣から出張要請が相次いだ。

　そのように人心掌握にたけた月性はまた、一流の文人でもあった。九州豊前の蔵春園など諸国遊学から帰郷した天保一四（一八四三）年、二七歳で京坂に出て儒学者や志士たちと交わった。旅立ちの決意を込めて月性が詠んだ（一部に異説もある）とされる「立志の詩」は、本人以上に知られている。

「男児志を立てて郷関を出づ　学もし成るなくんばまた還らず　骨を埋むるなんぞ期せん墳墓の地　人間《じんかん》到るところ青山《せいざん》あり」

戦前の漢文教科書にも載っていた漢詩である。若き毛沢東がほぼ同じ詩を書いて故郷を後にしたと中国では言われている。伊藤博文を暗殺した安重根《アンジュングン》も似た詩を書いていた。同じ漢字文化圏における月性の詩の広がりを物語る。

月性が京坂に出たのは、アヘン戦争（一八四〇～一八四二年）で清が英国に敗れて間もない頃である。「次の標的は日本か」と知識人層は海外情報の収集に大わらわだった。長崎でオランダの巨艦を見たことのある月性も、列強との武力の差にさぞかし危機感を募らせたことだろう。口角泡を飛ばして海防を論じる酒豪の傑僧として名をはせていく。

嘉永元（一八四八）年に再び帰郷して塾を開いた。教え子の世良修蔵らは後年に倒幕運動に身を投じるが、月性はそれより一〇年近く前に倒幕論を唱えた。

海防の法話を始めた月性が安政元（一八五四）年に書いた長州藩への意見書の草稿が残っている。異国船が沿岸に来たら粉砕し、幕府がとがめるなら天皇のもとに諸侯が寄って幕府の罪をただして王政の復古を、との主張を記した。後に勤王倒幕の先覚者と評価されるが、当時では相当に過激な論である。これに対し松陰は「国内で争う場合でなく、幕府と諸藩が団結して外敵に当たるべきだ」と反論している。

月性は、銅製の大砲製作や農兵の組織化などの海防策を進めるために冗費節約も藩に直言した。参勤交代に愛妾《あいしょう》を伴うのはけしからぬと草稿に書いており、藩主毛利敬親が「狂人の言は捨て置け」と言って弾圧を免れたとも伝わる。

仏教界の抜本改革求める

容赦ない批判は身内の仏教界にも向く。西本願寺門主への意見書に「僧侶たちは門徒の膏血《こうけつ》を絞り取って華やかな法衣をまとい、邪教禁圧の制度を使って檀家《だんか》を取り合う」とある。

寺の檀家制度は、幕府によるキリスト教禁止を徹底させるために始まった。一六六〇年代ごろから住民全てを寺の檀家とし、宗旨を登録した宗門改帳が地域ごとに作られた。住民が移動する際に寺請証文を出すなど寺は権力の末端に組み込まれた。仏教は民衆統制の手段となって形骸化し、やがて廃仏論の台頭を招く。

対外危機は、日本古来のものを尊び、それ以外を排除しようという流れを生んだ。異国の捕鯨船員の上陸騒動に触発された水戸藩の会沢正志斎が著した『新論』（一八二五年）では、キリスト教だけでなく仏教も国体維持を妨げるインド渡来の宗教と指弾された。水戸藩は現に寺を相次いで廃した。

一方で、列強との通商が始まればキリスト教の流入も本格化する。仏教を取り巻く内憂外患に対し、月性は仏教の力でキリスト教の進出を防ぐ「教をもって教を防ぐ」方策と「仏法による護国」

を唱えた。国防に資することで廃仏論の沈静化を期したともいえよう。

そのためには腐敗した教団の抜本改革が不可欠と月性は考えた。世襲によらぬ人材登用や門末の発言権拡大、賄賂の廃止などを求めている。月性の主張は門下生らに引き継がれ、「維新後の教団改革の思想的源流になった」（岩田真美・龍谷大准教授）とされる。

一方で、キリスト教批判は相当に時代がかっていた。月性の意見書からなる『仏法護国論』は、「妖教による国取り」としてポルトガルによるインドやインドネシア占領を挙げていた。海洋国家が教皇の権威を背景にカトリック世界を広げた一六世紀のことである。

キリスト教はその後、宗教改革を経て政教分離や信教の自由の保障という大筋の流れをたどっていた。産業革命が生み出した商品の市場を求めたイギリスのように、西洋列強のアジア進出は通商重視に転じて久しかった。

そうした実情が法話に反映された様子はない。同じようなキリスト教批判の記述は新論にもある。それは時代の限界なのか、それとも尊王攘夷論にはその方が好都合だったのか。法話の聴衆は「妖教」「邪教」という怪しげで空恐ろしいイメージを西洋人と重ね合わせ、攘夷の熱はいやおうなく扇動された。

同じ長州出身の真宗僧として月性の本山改革の志を受け継いだ島地黙雷は、明治維新後に洋行してキリスト教観を一変させた。信教の自由を主張し、明治政府初期の神道国教化政策を批判するようになる。キリスト教の中でもプロテスタントを手本として宗教の近代化に乗り出した。

生誕二〇〇年を記念した連続七回の講演会では、意見が違う論者ともよく交わった月性にならい、歴史家や研究者がさまざまな角度から幕末維新論を提起した。刺激された知的好奇心はおのずと「イフ」へ向かう。もしも月性があと二〇年長く生きて西洋を見て回ったら、一体どんな法話をしただろうか。

排は開なり　攘夷藩の論理

逆潮を上ってくる貨物船の姿がなかなか大きくならない。急潮流が本州と九州を隔てる関門海峡は古来、源平の壇ノ浦合戦をはじめ数々の歴史の舞台となってきた。早鞆の瀬戸とも呼ばれるこの海峡で、幕末日本を揺るがす事件が起きたのは文久三（一八六三）年五月一〇日夜から翌日未明のことである。

＊

航海遠略説から即今攘夷へ

門司側の田野浦で潮待ち中の米国商船ペンブロークに長州の軍艦二隻が夜陰に紛れて近づいて突然、砲撃を開始した。三発が命中する。驚いた米商船は蒸気機関を最大限ふかして南方の豊予海峡方面へ逃げた。

長州藩の攘夷戦の舞台となった関門海峡を下関側から望む。左側対岸の門司・田野浦に停泊中の米商船を軍艦2隻で砲撃したのが始まり

長州にとっては、幕府の攘夷令に基づく攘夷戦の始まりだった。だが、国際的には無警告のテロ攻撃である。米商船は横浜から長崎を経て上海に行く途中で、幕府の許可証も携えていた。

嘉永六（一八五三）年のペリーの初来航から一〇年がたっていた。大老井伊直弼の下で安政五（一八五八）年、天皇の勅許を得ずに幕府が通商条約を結ぶと、「違勅」と「攘夷」を叫ぶ声が広がった。「安政の大獄」による弾圧で異論を封じ込めようとした井伊が安政七（一八六〇）年、桜田門外で水戸浪士らに暗殺されて潮目が変わる。

文久元（一八六一）年にはロシア軍艦が対馬の一部を占領し、イギリス軍艦の助けを借りてやっと退去させる事件が起きた。現実の対外危機を前に露呈した幕府のふがいなさ。老中の安藤信正らは皇女和宮と将軍徳川家茂《いえもち》の結婚による公武合体で危機を乗り切ろうとした。

この年、外様ながら長州藩が「航海遠略策」を藩論として掲げ、念願の中央政界への進出を果たした。これ以降、この藩は同じ外様の薩摩藩との対立や協力を経て政局を作り出していく。

航海遠略策は開国通商を是とする公武合体策で、提唱した藩直目付の長井雅楽《うた》が朝廷と幕府に周旋した。幕府にとっては渡りに船で老中らに歓迎され、孝明天皇もこの折は賛同した。しかし、老中安藤が翌文久二（一八六二）年一月、攘夷激派に襲撃されて失脚して潮目が変わった。皇女和宮と将軍家茂の結婚を柱とする公武合体策は、朝廷が条件に挙げた通商条約の破棄を一〇年以内に行う見通しが立たず先行き不透明となる。長井の航海遠略策に対しても朝廷から不敬表現があるとのクレームが付いた。

長州藩内でも安政の大獄で死罪となった吉田松陰門下の久坂玄瑞ら攘夷激派が勢いを増し、航海遠略策の撤回を強く求めていた。久坂らは長州藩内の改革派リーダー周布《すふ》政之助《まさのすけ》を説得し、攘夷熱が高まる京都で朝廷工作に乗り出す。その成果もあって孝明天皇の意向が攘夷と示された。長州藩は文久二年七月、「即今攘夷」へと藩是を転換した。兵を率いて朝廷、幕府へ公武合体改革を求めた薩摩藩の島津久光への対抗軸となりうるより強い姿勢である。長井は失脚して切腹に追い込まれた。攘夷藩の誕生である。その後も内部抗争を伴いながら長州藩は捨て身の変転を繰り返して維新を迎える。

政治の主導権は朝廷に、舞台は京都に移る。将軍家茂は文久三（一八六三）年三月、将軍として二二九年ぶりに上洛した。攘夷激派に追い込まれた幕府は攘夷実行を朝廷に約束し、その期日を五月一〇日とした。

この時期、「攘夷」の意味は使い手によって異なる。幕府にとっての攘夷は、通商条約の破棄交渉を始めることだった。攘夷期限令では相手が襲来した折の反撃は命じても先制攻撃は認めていない。

関門海峡をにらむ壇ノ浦砲台跡に置かれた復元砲。長州藩は海峡の本州側７カ所に砲台を築いた（山口県下関市みもすそ川町）

指示に背く夜襲が喝采浴びる

これに対し、関門海峡をにらむ下関に砲台群を築いていた長州藩は「夷船と見たら打ち払え」と指示していた。「攘夷イコール攻撃」との解釈だが、現場の指揮官は慎重だった。七カ所の砲台と兵員七〇〇人からなる下関防備の総奉行毛利能登は、一〇日夕に来航したペンブロークを尋問して砲撃不要と判断していた。

総奉行の指示に背いて夜襲を掛けたのは、久坂らが脱走公家の中山忠光を奉じて結成した別動隊である。下関の光明寺に陣取ったことで光明寺党と呼ばれた。無謀な砲撃はしかし、結果的に国内で喝采を浴びた。開国以来の物価高騰などで膨らむ外国人へのうっぷんのはけ口となったのである。

藩は砲撃を追認し、総奉行を譴責処分にした。光明寺党は勢いづき、五月二三日には長崎に向かうフランス軍艦に七発を命中させた。二六日には長崎から来たオランダ軍艦が逆潮の中で一七発被弾して四人が死亡した。西洋列強にとり関門海峡は鬼門となった。

列強は無分別な砲撃に黙ってはいない。六月一日、米軍艦ワイオミングが報復に現れ、長州の蒸気船と帆船各一隻を撃沈、帆船一隻を大破させた。四日後にはフランス艦二隻が海峡東部沿岸の前田砲台を陥落させ、兵士が上陸して前田村に火を放った。攘夷戦は長州の敗北に終わった。

ワイオミング艦上には米領事館の通訳ジョセフ・ヒコ（彦蔵）の姿があった。播磨生まれで、瀬戸田の仙太郎らと栄力丸で漂流中に救われて嘉永三（一八五〇）年に渡米し、教育とキリスト教の洗礼を受け米国籍も得ていた。米側も戦死者五人を出した下関の戦いの模様をヒコ自伝の文久三（一九六三）年の記述から引く。

「船が海峡に近づくと陸の砲台が火を噴いた。船上の大砲で応戦して長州の軍艦三隻のまっただ中へ。砲台のすぐ下を通ったら、砲弾が船の上をぴゅんぴゅんと飛んでいく。こちらの弾が長州の蒸気船のボイラーに命中すると乗組員が大声でフレー・フレー三唱、士気が一気に上がった」

安政六（一八五九）年に帰国したヒコは開港地の横浜で通訳を始め、攘夷テロの嵐に直面する。異人斬りが横行し、同じ栄力丸の漂流民で英国公使通訳だった伝吉も殺された。自身も浪人に狙われたため二年余で米国に戻り、この間リンカーン大統領を表敬訪問し、再び帰国していた。

民主国家で教育を受けて「外の目」を得たヒコにとって、長州は罰せられるべきテロリスト集団だった。長州海軍をほぼ壊滅させた艦上で快哉《かいさい》を叫んだとの説もうなずける。

一方の長州藩が掲げる攘夷の内実は、夷船を打ち払うだけの単純なものではなかった。公武合体からの藩論転換を主導した周布は「攘は排なり、排は開なり、攘夷の後に国を開くべし」との書を残した。列強の軍事力に屈して結んだ通商条約を破棄して戦い、その後に条約を結び直せば「国体を立てて」(国家主権を保って)開国できるとの考えである。

砲撃直後に若者五人英国へ

関門海峡で久坂らが米商船を砲撃した二日後、周布は「長州ファイブ」と呼ばれることになる若者五人(井上馨、伊藤博文、遠藤謹助、山尾庸三、井上勝)を横浜から英国に密航させた。攘夷実行の一方で、将来の開国をにらんでのことだった。攘夷とは、避戦に流される現状から脱して挙国一致を期すためのショック療法のようにも見える。

こうした「排」と「開」の鮮やかな使い分けは、日本の優越性を信じる華夷意識を捨てないままで開国を受け入れることを可能にさせたとも言えよう。一方で幕府側に立つ人々からは、「倒幕の手段として長州は攘夷を主張したのではないか」との疑念を維新後も長らく抱かれることになる。

歳月は巡って慶応三(一八六七)年、長崎で商社を営むヒコは薩摩藩士を装う長州の木戸孝允と伊藤博文に会う。正体を明かした木戸から「統治権を正統な君主たるミカドに返還する運動に力を貸して」と頼まれ、ヒコは長州藩の代理人となった。四年の間に長州も日本も大きく変わっていた。

勤王の果てに　鳥取二十二士事件

鳥取市で二〇一七年六月、映画「鳥取勤王二十二士事件」（五八分）の完成上映会があった。幕末の京都で尊王攘夷派の鳥取藩士二十二人が藩主側近たちを暗殺した事件がテーマである。地元では今なお重たいテーマだが、加害者、犠牲者の双方の子孫が映画への出演や協力をした。城下町の鳥取では少し前なら考えられない双方の間の雪解けを象徴する出来事だった。

映画「鳥取勤王二十二士事件」の1シーン。暗殺された側近（右）を子孫の美田さんが演じた

＊

天皇の攘夷親征めぐり対立

騒乱状態の京都を舞台に、天皇が先頭に立つ攘夷親征論をめぐる意見対立から起きた藩内テロ事件は、鳥取藩を文字通り震撼させた。後には犠牲者遺族による仇討《あだう》ちまで招く。互いの遺恨が維新後も尾を引き、鳥取城下では長年のタブーとなっていた。

暗殺した側は「二十二士」と呼ばれ、明治以降は顕彰の対象となった。これに対し事件の犠牲者は顧みられることがなかった。映画化の前段として、双方のわだかまりを解きほぐすための百五十回忌法要が二〇一二年に営まれた。犠牲者五人を「五烈士」と呼んで供養し、この場で双方の子孫が初めて握手した。法要による歴史的和解をお膳立てした森本良和さん（六〇）は元鳥取県立図書館長。早期退職し、地元の幕末維新史に新たな光を当てる連作映画を製作している。

二十二士事件が起きたのは文久三（一八六三）年八月一七日のことである。尊攘激派が集結したその年の京都は異様な熱気に包まれていた。徳川将軍が二二九年ぶりに上洛して攘夷を朝廷に約束させせられる。三条実美ら急進派の少壮公家が長州藩と組み、王政復古への道筋を確たるものにしようと企てたのが攘夷親征だった。

二十二士事件の四日間、孝明天皇が大和の神武陵に行幸して攘夷親征の軍議を行うことが決まり、鳥取藩内の攘夷急進派の意気も上がった。ところが、攘夷親征は時期尚早として抵抗したのが鳥取藩主の池田慶徳《よしのり》だった。

慶徳の慎重論は廷臣を通じて攘夷親征に消極的な天皇の意思を知らされた上でのことだったが、急進派の目には豹変《ひょうへん》と映った。慶徳を誹謗《ひぼう》する張り紙が出回り、それを目にした藩内尊攘派リーダーの河田佐久馬ら二十二士は憤激する。憎しみはかねてから攘夷親征に慎重だった藩主の側近たちに向いた。

一七日深夜、二十二士は藩主に汚名を着せたとして側近たちを京都・本圀《ほんこく》寺の宿舎に襲撃した。正確には三人を殺害。留守中の一人と重傷を負った一人は理不尽にも藩主の命で切腹した。

水戸藩主徳川斉昭《なりあき》の五男である慶徳は、攘夷派巨頭の父にならって藩校拡充や軍制改革を進めてきた。鳥取藩内では水戸、長州の急進派と交わる尊王攘夷派の藩士が台頭する。一方、後に将軍となる一橋慶喜《よしのぶ》の実兄でもある慶徳は「尊王敬幕攘夷」を信条とし、幕府への敬意を抱き続けた。

当時、攘夷を迫る朝廷に対し幕府は、西洋列強との通商の八割を占める横浜港を閉鎖して外国人を追放する「横浜鎖港」の方針を決めた。しかし、いったん通商条約を結んだ列強がのむはずはなく、鎖港を非現実的とする開国派も幕府内に少なくなかった。

攘夷の炎が燃え盛る京都に身を置く慶徳は、江戸に戻った慶喜にこう忠告した。「朝廷が望む横浜鎖港に抵抗する勢力を幕府から排除しなければ攘夷親征もやむなし」。将軍後見職である慶喜は開国派を失脚させた。こうした幕府内の条件整備を受けた慶徳の時期尚早論には、それなりの根拠があったのである。

そもそも幕府を差し置いた大和への攘夷親征は倒幕につながる発想である。孝明天皇の考えは、攘夷は幕府に任せ、自らが先頭に立つ気はなかった。その思いの発露が、親征を取りやめて攘夷激派を追放した八月一八日の政変である。

二十二士は、くしくもその前夜に事件を起こした。鳥取藩内では、側近が情報を独占して藩主の権限強化を進める傾向が強まり、情報が入らない家老や尊攘派は反感を募らせていた。二十二士にとって、藩主の真意ましてや天皇の意向は知るよしもなかった。

藩主側近と尊攘派の儒者が事件前、大和への攘夷親征の是非を論じたことがある。「勝算なき空論。天子が動いて何かあったら取り返しがつかない」と現実的な対応を求める側近に対し、儒者は「勝算なくとも大義を貫き、日本中の心を一つに」と観念論で応じた。

こうした対立が背景にあるとしても、側近を殺すことは藩主への反逆であり、封建秩序の下では通常ありえない暴挙である。何が二十二士を暗殺にまで駆り立てたのか。対外危機が強大化させた天皇教とも言うべき尊王論の内実に注目したい。

一君万民の思考回路

二十二士事件と同じ日に、親征の魁《さきがけ》として天誅組が大和で挙兵して代官を殺した。土佐から挙兵に加わった先祖の歩みを小説『流離譚』でたどった安岡章太郎は、尊攘激派の天皇像を「その姿を現せば将軍も藩主も光を失い、万民平等をもたらす救い主」と見立てた。

「一君万民」論とも呼ばれる、あらゆる権威を相対化する天皇への帰依がテロを正義とする思考回路を用意したのだろう。

二十二士に対する処分は、有栖川宮家や一部家老からも助命嘆願があり、異例の軽さだった。九カ月で謹慎を解かれたリーダーの河田は京都周辺で長州の急進派と会合を重ねた。

翌元治元（一八六四）年七月、禁門の変で長州藩が朝敵とされると、河田らは長州への内通が疑われた。二十二士は途中で二人減って二〇士となり、京都から遠く離れた中国山地の黒坂（鳥取県日野町）の泉龍寺に移される。ここで八カ月間ほど幽閉されたが、その間にも尊攘浪士らが訪ねてきて交流が続いた。彼らの扱いに悩み抜いた慶徳は二〇士を鳥取城下に移した。切腹を命じるつもりだった。

やがて第二次長州征討の命が下り、慶応二（一八六六）年六月に幕長戦争が始まった。石州口（島根県の西端）では幕府軍が長州軍に完敗し、及び腰の鳥取藩は幕府方の後方で砲弾数発を撃っただけだった。長州軍勝利の知らせを聞き、二〇士は脱走して船で長州に向かう。途中で嵐に遭い島根半島突端の手結《たゆ》浦（島根県松江市）に避難した。

そこに仇討ち届を出した犠牲者遺族一八人が急行し、五士を討ち取った。河田ら一五士はそれより先に出帆し、すでに長州支配下の石見（島根県西部）に逃げていた。

罪人が一転、維新の英雄に

河田はその後、長州藩と岡山藩を仲介するなど尊攘志士としての本領を発揮する。上京後は旧知の有栖川宮家に入って情報を自藩に流したとみられる。鳥取藩は鳥羽伏見の戦いでいち早く薩長側に付くことができた。河田は戊辰戦争では総督府参謀や鳥取藩部隊に農兵たちが加わった山国隊の隊長として参戦し、関東や東北戦線での活躍にはめざましいものがあった。維新後は要職を歴任し、明治四（一八七一）年には初代の鳥取県権令に任命された。

罪人が一転、維新の英雄となる起伏に富んだ物語である。河田を中心にした二〇士は維新後、変革を成し遂げた勤王の志士として評価された。

昭和五（一九三〇）年、鳥取県知事を総裁に黒坂で作られた勤王因藩二十士彰忠会は、側近暗殺

鳥取藩22士と殺害された5烈士の慰霊碑が並び立つ泉龍寺。地元の小学生が毎年、三島道秀住職から説明を聞く（鳥取県日野町黒坂）

を「最も光栄ある義挙」とたたえた。これに対し、地元の言論人は「政治暗殺が本質」と異議を唱える。すると今度は神職の会が反論書を出版した。

二十二士事件から曲折を経て鳥取藩が戊辰戦争に積極的にかかわった歴史は郷土の誇り、という語り方は今もなお存在している。それに対し、藩内テロとのとらえ方はさほど強くなく、被害者の存在は置き去りにされていた。二十二士の顕彰活動が軍国主義の時流に動員された歴史も影を落とし、鳥取県内では語るのが難しい事件であり続けた。

事件から一五〇年後の二〇一三年、鳥取県立博物館が二十二士事件の特別展を開いた。鳥取の幕末維新について考える材料を提供するスタンスで、被害者の遺品も出展された。同じ年、黒坂の泉龍寺に慰霊碑が建った。二十二士の二二柱と被害者である五烈士の五柱が並ぶ。

映画では、暗殺される側近を六代目子孫の美田《みた》真一さん（六二）が演じた。息を引き取る間際に息子に言い残す言葉は自ら考えた。「我らは道に外れたことは何もしておらぬ。胸を張って生きていくのじゃ」。積年の胸のつかえがとれた。

犠牲者側の復権を通じて、二十二士事件の語りにくさにやっと風穴が開きつつある。

七卿落ちの絵　入れ替わる朝敵

瀬戸内海の中央に位置する鞆の浦（広島県福山市）は古来、潮待ちの港として栄えた。石造りの常夜灯の近くにある国重要文化財の太田家住宅は、薬味酒である保命酒の蔵元だった。攘夷激派が追い落とされた幕末の政変で、京都から長州へ下った公家たちがここで憩った。往時のたたずまいをとどめる部屋が今も残る。

＊

朝議動かす尊攘派公家

三条実美《さねとみ》ら攘夷派の公家七人の都落ちは、「七卿落ち《しちきょうお》」と呼ばれた。そのあとさきをたどれば、幕府を超える権威を持ち始めた朝廷を巡る権力闘争の時代が浮かび上がる。

ペリー来航という対外危機に際し、幕府専制を手放した老中首座の阿部正弘。その後を受けた井伊直弼は大老として強権を振るうが、在野の者が国事を自在に議論する「処士横議」の勢いは止められない。

井伊政権が勅許なしに列強と通商条約を結んだことに孝明天皇は激怒し、条約調印を責める勅書を水戸藩に下した。それが巡り巡って水戸浪士らによる井伊暗殺の遠因となる。

屋台骨が揺らぐ幕府を立て直すため、「公武合体」が次の時代のキーワードとなった。皇女和宮と将軍徳川家茂《いえもち》の結婚が文久元（一八六一）年に決まり、翌文久二（一八六二）年二月に婚儀があった。

この間、外様雄藩の国政介入も始まる。最初は長州藩が「航海遠略策」という開国による公武合体策をひっさげ、幕府と朝廷の間を周旋した。もう一方の雄である薩摩藩も動く。藩主の父として実権を握る島津久光が文久二年四月、千余の兵を率いて京都へ上った。

京都には攘夷派の志士が集結していた。公武合体による開国を志向している久光は、伏見の寺田屋に集まった攘夷激派を部下に斬殺させて公家たちを震え上がらせた。

久光は井伊政権下の「安政の大獄」で処分された公家の復権を朝廷に求め、実行させた。さらに六月には朝廷の勅使をおし立て江戸へ回り、一橋慶喜を将軍後見職に据えるなど幕閣人事にも介入する。公武合体を目指して政治変動を引き起こした久光だが、朝廷人事では狙いが裏目に出た。

幕府に近い重臣が表舞台から去り、二〇歳代の三条実美ら尊攘派の少壮公家が台頭したのである。彼らは長州の久坂玄瑞はじめ西国出身の志士たちと結び、和宮降嫁の条件だった攘夷（通商条約の破棄）を幕府が行っていないとして、降嫁に協力した公家たちを失脚させた。さらに藩論を即今攘夷に転換した長州藩をはじめ土佐、薩摩藩の支援も得て、攘夷の実施を幕府に迫る新たな勅使派遣を実現させる。

文久二（一八六二）年一一月、正使の三条と副使の姉小路公知が将軍家茂に攘夷実現を求める勅書を江戸城大広間で渡した。三条と姉小路が上段、家茂は一段下という着座が朝廷と幕府の地位逆転を物語る。

翌文久三（一八六三）年三月に将軍が上洛。長州藩が建議した上賀茂、下鴨両神社への攘夷祈願の天皇行幸に将軍も加わった。尊攘激派の高揚を背景に、朝議を動かせる議奏の三条は発言力を増す。攘夷実行の期限決定を幕府に迫り、五月一〇日との回答を得た。外国船砲撃という形で長州藩が行動に移した。

攘夷運動は熱病に取りつかれたような勢いだった。安政の大獄に協力した公家家臣の首が四条河原にさらされるなど「天誅」と呼ばれるテロリズムが京都で横行する。三条の盟友の姉小路まで暗殺され、攘夷論を軟化させたからとの憶測を呼んだ。

三条自身は元々、過激な攘夷論者ではなく、外国人の即時追放が難しいことも分かっていたようだ。攘夷熱の高まりに背中を押されて運動の先頭に立ち、後ろから襲われたらという底知れぬ恐怖が行動をエスカレートさせ、暴走につながったのではなかろうか。

度を越す攘夷　天皇と隔たり

天皇に近侍する議奏はこの時期、三条はじめ攘夷派で占められていた。そんな折、天皇が大和の神武天皇陵などを参詣して攘夷を祈って親征の軍議を行う計画が持ち上がる。

幕府に代わり朝廷が攘夷の先頭に立つという親征の企ては、王政復古論者である久留米の神官真木和泉や長州藩、三条を通じて広まった。三条は他の公家の賛同も取り付け、八月一三日に親征行幸の詔が出された。行幸に先駆け、少壮公卿中山忠光を主将にした尊攘激派の天誅組が大和で挙兵して畿内は騒然となる。

攘夷主義者で外国嫌いと言われた孝明天皇だが、幕府の面目をつぶすような攘夷親征までする気はなかった。度を越す攘夷の過激化に我慢できなくなったのだろう。信頼を寄せる中川宮を通じて行幸に反対だった会津、薩摩藩の支援を取り付け、三条らの排除に踏み切った。一八日未明に大和行幸を取り消し、攘夷派公家の参内禁止、長州藩兵の京都退去を命じた。八月一八日の政変である。

後に天皇は、三条らが自分の命を曲げて攘夷令を出し、長州の「暴臣」が理由なしに外国船を砲撃したと指弾した。しかし、三条や長州藩は天皇の意を受け、攘夷実現に向けて行動したつもりだった。

天皇は不本意ながら議奏らの意見に従わざるを得なかったのかもしれないが、政変前の勅書は一体何だったのかとの疑念は残る。御簾《みす》に隔てられ、天皇の真意を周囲が測りかねる「尊王」の闇がそこにある。

直接は統治しない天皇の権威や影響力が強大化すればするほど、そうした危うさも増していく。天皇を奉じながら天皇の本意に反した激派の暴走は数十年後、昭和の軍国主義時代に再びよみが

七卿落図。七卿が京都の寺から長州へ向け出発する場面を描いている（徳山毛利家蔵・周南市美術博物館提供）

えった。

三条ら七人の攘夷派公家は長州藩へ逃れた。京都の寺をたって陸、海路で三田尻（山口県防府市）に到着する。その折のさまざまな情景が維新後、絵画に描かれた七卿落ちである。

長州藩、禁門の変で朝敵に

京都での失地回復が長州藩の悲願となった。藩の行いは朝廷の意向にかなうと弁明した嘆願書は朝廷にまともに受け取ってもらえない。公家の間には長州への同情論もあったが、天皇や周辺は政変前の状態に戻ることを強く警戒したためである。翌元治元（一八六四）年、武力決起による藩主上洛という進発論が長州藩内で起きる。

六月、京都の池田屋で長州藩などの志士が新選組に襲撃された。長州藩内激高のうちに京都行きが決行となる。七月一九日に禁門（蛤《はまぐり》御門）の変が起きた。兵力で劣る長州勢は会津、薩摩勢などに敗れ、御所に発砲して朝敵とされる。久坂や長州藩に身を寄せていた真木ら尊攘派の多くが落命した。

三条ら公家たちは鞆の浦などに寄港しながら上京の途上にあったが、

蛤御門合戦図屏風。会津藩絵師が戊辰戦争前後に描き、この合戦絵図としては類を見ない（会津若松市蔵・部分）

敗戦の報で引き返した。七人うち錦小路頼徳はすでに病死、沢宣嘉は生野（兵庫県）で挙兵に失敗して別行動をとり、五卿（三条、三条西季知、東久世通禧、壬生基修、四条隆謌）となっていた。

長州藩は八月には列強四カ国（英仏蘭米）艦隊との下関戦争に敗北。朝廷の命による長州征伐も決まり、藩内では幕府への恭順派が台頭した。禁門の変の責任を取り益田右衛門介、国司信濃、福原越後の三家老を自刃させ、その首を差し出して攻撃を免れ、五卿は九州の大宰府に移された。

幕末維新は朝敵入れ替わりの歴史でもある。長州の前に立ちはだかった会津藩は戊辰戦争で朝敵となり明治を迎える。沢も含めた六卿は慶応三（一八六七）年一二月の王政復古の政変で復権し、三条は後に太政大臣などを歴任した。

最終的な勝者と敗者の差は、後世に伝わる品々の数にも表れる。長州と朝廷を結ぶシンボルとなった七卿落ちの絵は数えきれないくらい各地に残っている。朝敵長州の記憶を呼び覚ます蛤御門での戦闘を描いた絵画は福島県会津若松市が所蔵する屏風《びょうぶ》一点だけである。

攘夷の舞台裏　下関戦争の深層

砲身に雲竜紋が施された青銅製の大砲が山口県下関市立歴史博物館にある。列強四カ国（英仏蘭米）の連合艦隊に接収された六二門の一つである。一九八四年にフランスから里帰りした。

＊

下関戦争でフランスに接収され、里帰りした青銅砲。下関市立歴史博物館に貸与、展示されている

列強の動機に横浜鎖港問題

列強に長州藩が完敗した下関戦争では、外国人を排除する攘夷の無理なことがはっきりしただけではない。実はこのとき、日本が独立の危機の瀬戸際にあったことも近年の研究で分かってきた。

元治元（一八六四）年八月五日、英国、フランス、オランダ、米国の計一七艦、兵員五千人からなる大艦隊が関門海峡に姿を現した。艦砲射撃で長州側の砲台を破壊。翌日、二六〇〇人の陸戦隊が上陸し、海峡沿岸を制圧した。

幕府が攘夷期日とした文久三（一八六三）年五月一〇日から、長州藩は攘夷戦と称して海峡を通る外国船に砲弾を浴びせた。米国、フランスに報復された後も砲台を築き直し、列強の船舶は海峡を通れない状態が続いていた。

戦争を主導したのは英国公使のオールコックで、英国は九隻を率いて来た。海峡を封鎖する長州藩の懲罰が大義名分だったが、実は英国の船は一度も砲撃を受けていない。しかも当時は横浜港が貿易量の八割を占め、関門海峡は通商上の生命線とまでは言えなかった。

ならば、なぜ戦争を仕掛けたのか。その鍵は幕府の「横浜鎖港」方針にある。文久三年の八月一八日政変で攘夷激派を追放した孝明天皇だが、攘夷の意思は変わらなかった。対等な国家間の自由貿易体制は他国を夷狄として扱う日本型の華夷秩序を突き崩し、国体（国家主権）を損なうというのが孝明天皇たちの考え方だった。天皇は列強の武力に屈して結んだ通商条約の破棄を幕府に求め、苦し紛れの結論が横浜鎖港だった。

その間の事情を鋭く見抜いていたのが開戦半月前のニューヨーク・タイムズである。「内海の通航権は戦争の原因とするだけの価値はない」とし、開戦理由として「日本政府が横浜港を閉鎖すると公言していること」と「条約関係が極めて不満足な状態にあること」を挙げる。問題の根源は「精神的な君主である天皇（ミカド）が通商条約に同意を与えたかが疑わしいことにある」とも指摘した。

四カ国連合艦隊は狙い通りに列強の軍事力のすさまじさを幕府や朝廷に見せつけた。艦砲射撃の射程は長州砲を大きく上回り、陸戦でも弾を回転させて遠くまで正確に飛ばす新式銃で圧倒した。

長州藩は半月前の禁門の変で攘夷檄派をはじめ主力部隊を失っていた。密航先の英国から井上馨と伊藤博文が急遽帰国して戦の無謀さを説いたが、高まった攘夷熱には焼け石に水だった。

速やかな休戦が長州救う

開戦二日目、連合国軍が上陸を始めると、萩から動員された兵は一斉に逃げ出した。士・農混成の奇兵隊と膺懲《ようちょう》隊や地元の長府藩兵が旧式銃や弓で闘った。長州側一七人、連合国側一二人が戦死し、四日目に長州側が休戦を申し入れる。高杉晋作を使節とする談判を経て、海峡の安全航行を保証する講和条約を結んだ。

長州にいた公家の三条実美《さねとみ》らは講和に反対したが、禁門の変で朝敵とされ追討令も出された藩に余力はなかった。結果的に速やかな休戦が長州藩を救う。

英国などの対外政策は、産業革命が生む製品を輸出する自由貿易の維持が柱だった。「費用や人員を割いて植民地を確保する必要はないが、自由貿易体制が脅かされるとガツンとやる」(保谷徹・東京大史料編纂所教授)のが当時の列強の基本姿勢だった。

幕府の横浜鎖港要求を受け、英国は対日戦争のシミュレーションを策定している。江戸や大坂は攻略できるが内陸作戦は困難で、海上封鎖が効果的とされた。懸案は居留民の保護。砲台に囲まれた湾内の長崎居留地は防御不可能で、全面戦争は避けたいとの本音もにじむ結果だった。

下関での実戦では、戦火がさらに広がる可能性があった。オールコックは城のある萩や藩主がいる山口の攻撃も考えていたが、キューパー総司令官は戦線拡大に慎重だった。長州が徹底抗戦すれば、深入りせざるを得なかったかもしれない。

その先には、アヘン戦争で敗れた清のように領土割譲などの恐れがないとは言い切れない。攘夷戦で武威を示したから中国のような半植民地化を免れたとの通説とは裏腹に、危ない橋を渡っていたのである。「実際は常に列強と戦った清国に対し、日本の幕府は戦争を避け続けた。因循な面はあっても、その冷静さは評価されてよい」（保谷教授）と幕府の対外姿勢をプラスにとらえる歴史家も増えている。

六連島灯台。英国人技師ブラントンの設計で明治4年に完成し、翌年に明治天皇が訪れた（下関市六連島）

関税引き下げや灯台発注

下関戦争後、幕府は横浜鎖港を断念。翌慶応元（一八六五）年に四カ国艦隊は兵庫沖で示威行動をして孝明天皇から条約勅許を引き出した。

長州藩は幕府の攘夷命令を示して責任を逃れ、賠償金三〇〇万ドルは幕府が払うことになる。分割払いしていたが、慶応二（一八六六）年に四カ国が賠償金の三分の二を減免する条件で、輸入税を清国並みの五％に引き下げさせた。幕府は減免措置を返上したが、後の祭りだった。

それまでの列強との輸入関税は日米条約に準じた約二〇%で、米国初代総領事ハリスの置き土産ともいうべき日本に有利な税率だった。税率五%という低関税下で安い輸入品が急増し、産業の自立が妨げられた。後に不平等条約の改正が政府の最重要課題となる。攘夷戦の代償は大きかった。

さらに兵庫開港に伴い、賠償金利息と引き換えに英国へ機械を発注して建設したのが瀬戸内周辺の灯台五基である。紀淡海峡に一カ所（和歌山市友ヶ島）、明石海峡に二カ所（神戸市和田岬、淡路市江埼）、そして関門海峡付近では下関沖の六連島《むつれしま》に明治四（一八七一）年、九州側の門司・部埼《へさき》にはその翌年に完成した。海峡を出入りする船の安全を見守る白い灯台は、青銅砲と並ぶ下関戦争の証人である。

＊

儒者の積極開国論　阪谷朗廬

岡山県西部の井原市に朗廬饅頭《ろうろまんじゅう》という銘菓がある。朴訥《ぼくとつ》とした外見だが味わいは上品である。一帯は人の往来が頻繁な西国街道（山陽道）沿いで、当時は最後の徳川将軍となる慶喜が領主の一橋領だった。

阪谷朗廬が初代館長を務めた興譲館の校門。扁額は渋沢栄一の揮毫（岡山県井原市西江原町）

久坂の攘夷論に虎狼の戒め

阪谷朗廬《ろうろ》は地元で敬愛された知識人である。大坂や江戸で儒学を学んで帰郷し、後進の指導に当たった。ペリーが来航した年の嘉永六（一八五三）年、地域ぐるみで建学した郷校「興譲館《こうじょうかん》」の初代館長に就く。

西洋からの衝撃を引き金に、幕府に代わる体制ができる動乱の時代。知識人たちは江戸や京都を目指し、各藩お抱え儒者や幕臣として国事に関わった。

朗廬にも諸藩から誘いがかかるが、固辞して「村学究」と称した。特筆すべきは、外国人を排斥する攘夷全盛の時代に積極的開国論を在野で唱え続けたことである。

長州の久坂玄瑞が安政五（一八五八）年、亡き兄玄機の友だった朗廬を訪ねてきた。酒を酌み交わして再会を誓った。元治元（一八六四）年四月、再び現れた玄瑞は尊王攘夷激派の押しも押されもせぬリーダーとなっていた。

その前年の文久三（一八六三）年五月、玄瑞らは下関で異国船を無差別砲撃したが、米仏両国の報復に完敗する。さらに過激な攘夷へのブレーキとなる八月一八日政変（「七卿落ちの絵」参照）で京都から追われた長州藩は、「尊王ゆえの行動」と自らの正当性を訴えていた。

一八歳年下の玄瑞の激論に朗廬は反論した。「下関での砲撃は野蛮であり、もし勝っても日本は虎狼《ころう》と言われ、その王も虎狼となる。それは王を卑しむことで、けっして尊王とはいえない」

列強の軍事力におびえて開港した幕府の対応も「外国を嫌ったままでは虎狼が猿鼠《えんそ》に転じたようなもの。やはり野蛮」と突き放した。そして「時勢は開港にある。万国に通用する公正なやり方で開港すれば王を尊ぶことになる」。相互の信義を伴う開国こそ正しい道であるとの主張である。

長屋門が残る阪谷朗廬の生家。長州の久坂玄瑞が初回訪問の安政5（1858）年、ここまで足を運んだ（岡山県井原市美星町）

鎖国の江戸時代、自国が最強と誇り外国を夷狄《いてき》と見下す日本型の華夷《かい》思想が広まる。そこへ武力に勝る西洋列強が現れ、打ち砕かれた誇りが攘夷を沸騰させた。

朗廬は、「父子親有り　君臣義有り」に始まり人間関係や処世のあり方を教える朱子の白鹿洞《はくろくどう》書院掲示を尊んだ。その延長線上で国と国の関係も信義則が基本になると考え、虎狼のような野蛮で欲深い対応を戒めたのである。儒者による偏狭なナショナリズム批判ともいえよう。

朗廬の生家は井原市美星町の山ひだにある。酒造を営む裕福な家だったが、父は幕府仕官を志した。勤務先の大坂に幼い朗廬は呼ばれ、大塩平八郎塾で学ぶ。父の転勤で江戸に出て古賀侗庵《とうあん》の塾に入門。後に塾頭にまでなった。

侗庵は死去する弘化四（一八四七）年まで四〇年近く昌平黌《しょうへいこう》の儒者を務めた。儒学と言えば保守的と見られがちだが、博覧強記で実は洋学にも強い「知の巨人」ともいうべき侗庵の下に俊英が集う。朗廬も多大な影響を受けた。

西洋はキリスト教布教を手段にして他国を侵すとの見方がわが国でまだ主流だった頃、侗庵は「布教術もはや効を見難く、近年は敵の約（条約）に背くを責める」と『海防臆測』に書いた。布教に名を借りた侵略の時代は過ぎ去り、条約違反などの合理的理由が要る時代になっていることを理解していたのである。

西洋で宗教が国家の上にあったのはおおむね一六世紀までのことで、産業革命を経て通商の時代が到来していた。「国と国は対等で、条約で相互関係を取り結ばざるを得ないという侗庵の国際感覚」（奈良勝司・立命館大助教）を朗廬も共有していたのだろう。

幕府内対立で開国派失脚

侗庵の世界観は水野忠徳《ただのり》、岩瀬忠震《ただなり》ら昌平黌エリートに引き継がれ、彼らは幕臣として開国策を進める。勅許を得ない列強との通商条約も、結んだ以上は守って当然と考えた。積極開国派の幕臣たちは、孝明天皇はじめ条約破棄を求める朝廷の攘夷論に辟易しており、「こう道理がお分かり無くては、承久の乱（後鳥羽上皇が北条義時に敗北）に習うしかないか」との憤懣を抱くことさえあったという。

慶応元（一八六五）年一〇月、第二次長州征討で大坂にいた徳川家茂《いえもち》が突然、将軍辞職願を出す。列強艦隊が兵庫沖に集結して条約勅許と兵庫開港を求め、幕閣は要求受諾に傾くものの朝廷の同意が得られない中で起きた事件だった。

「攘夷を拒否し、朝廷からの自立を目指す計画的行動」（奈良氏）とみられるが、奇策ゆえ幕府内で支持は広がらず、朝廷の後ろ盾を得た慶喜に阻止された。積極開国派は失脚し、華夷思想と距離を置く侗庵の流れは途絶えた。

元治元年の朗盧と玄瑞の徹夜論争は物別れとなった。玄瑞はその三カ月後の禁門の変で帰らぬ人となる。

その後の慶応元（一八六五）年春、一橋家臣の渋沢栄一が農兵を募るために井原を訪れた。朗盧の卓見とりわけ開国論に感じ入って一橋慶喜に報告したところ、朗盧は上洛を命じられる。翌慶応二（一八六六）年六月、朗盧は慶喜に講義をした。白鹿洞の教えが政治の全てに通じると次期将軍に説いたという。

朗盧も動乱の一断面に向き合った。慶応四（一八六八）年一月二一日、旧幕府領の鎮撫《ちんぶ》命令を受けた広島藩勢が一橋家の江原代官所を囲んだ。朗盧は鎮撫隊長に会い、武力行使抜きでの恭順にこぎ着ける。手際に感心した広島藩からその後、賓師として招かれた。

朗盧は明治三（一八七〇）年、広島藩主に従い東京へ。後に中央官庁に務め、明治七（一八七四）年に明六社に加入した。洋行帰りの啓蒙家に交じって明六雑誌に論文を次々に発表。世界共通語をつくることを提案したのは、侗庵高弟である朗盧の面目躍如と言えよう。

言論取り締まりの強化で雑誌は翌明治八（一八七五）年一一月に廃刊となる。最終号を飾ったのが玄瑞との論争を振り返った朗盧の「尊王攘夷説」だった。

攘夷論は慶応元年一〇月の通商条約勅許で下火になる。それに代わり、国を開き富国強兵を図った上で行く行くは他国に対抗しようという「大攘夷」論が台頭した。維新後もなお、万世一系の天皇をいただく神国という自国優越の衣に包まれて華夷思想は温存された。

明治以降の戦争の連続と最終的な敗北を経て、今なお近隣国と真の和解が難しい現実がある。朗盧の虎狼の戒めをあらためて胸に刻む。

第三章

敗者の系譜

激動期にはさまざまな勢力や主義主張がせめぎあい、勝者と敗者が生まれる。歴史は勝者によって書かれるのが通例だが、敗れ去った側から戦や抗争の内実に光を当てると、知られざる裏面や白黒つけがたい歴史のあやが浮かび上がる。

幕末維新もまた、おびただしい敗者の群れを生み出した。藩内抗争が相次いだ長州藩では、決起して英雄となる高杉晋作の陰で和平を求めた奇兵隊総督が汚名を着せられ処刑された。

抗幕に転じた長州藩の征討に幕府は乗り出すが、出兵を命じられた諸藩は戦意を欠き、西洋式の兵制改革を終えた長州軍に惨敗した。浜田藩は城を焼き、藩士と家族は飛び地に逃げ落ちる。福山藩の少年藩主は夜陰に紛れて領内に入って帰城したという。

続く戊辰戦争も多くの敗者を生んだ。壮絶な抵抗戦の末に敗れた会津では、朝敵とされたことへの遺恨が今も尾を引く。勝者の歴史観を疑う敗者のまなざしは維新一五〇年を祝う、時の政権にも向いていた。その一方で、東北人の怨嗟を一身に浴びながら捨て石となった長州出身の参謀もまた敗者と呼ぶべきだろう。

「御一新」へ託した夢が打ち砕かれた民衆も数知れない。自治政府を打ち立てた隠岐島民の決起が典型例と言える。戊辰戦争が終わって用済みとされた長州の民衆兵の反乱は、勝者の中の敗者だった。

鎮圧された士族の反乱が維新を締めくくる。萩の乱を起こした前原一誠らは武士による忠義の実現を目指したが、歴史の歯車を逆に回すような抵抗だった。

悲運の奇兵隊総督　赤禰武人

山口県東端にある岩国市の新港から沖合の柱島まで旅客船で小一時間。下船すると新しい看板が迎えてくれた。「第三代奇兵隊総督　赤禰《あかね》武人《たけと》ゆかりの地」とある。英雄高杉の陰で汚名を着せられ奈落に沈んだ悲運の総督をしのび、高台の生家跡や墓を巡る人が絶えない。

没後一五〇年の二〇一六年秋、岩国市立岩国徴古館が二八年の生涯をたどる赤禰武人展を開き、伝記本と漫画本も出した。初の本格的な特別展は完全復権の証しであると言えるだろう。

＊

出生地の柱島の西栄寺にある赤禰武人の墓（山口県岩国市柱島）

医家出身　隊員を士分にと提案

少壮公家と結んで攘夷へひた走った長州藩（「七卿落ちの絵」を参照）は元治元（一八六四）年の夏、どん底にたたき落とされた。禁門の変で御所に発砲して朝敵とされ、下関では四カ国連合艦隊に完敗した。藩内では幕府に恭順を誓う保守派が台頭する。これに対し、攻撃されたときは武力で戦う「武備恭順」を主張したのが奇兵隊など士・農混成の諸隊だった。

諸隊には二人の対照的なリーダーがいた。奇兵隊決起による藩内クーデターで倒幕への道を切り開いた高杉晋作は、死中に活を求める果敢さで風雲児の名をほしいままにする。一方、理論家肌で争いを好まぬ赤禰武人は反逆者と指弾され、河原の露と消えた。同じ吉田松陰門下で初代と第三代の奇兵隊総督の役回りは残酷なほどの明暗を描く。

柱島の医者の家に生まれた武人は一五歳で島を出た。はじめは民衆に海防を説いた遠崎（同県柳井市）の僧月性《げっしょう》の下で、続いて阿月（同市）領主の浦靭負《ゆきえ》がつくった克己堂で学んだ。才能を見込んだ月性の世話で安政三（一八五六）年、萩城下の松下村塾で吉田松陰の教えに接する。

このころ、浦家の家臣赤禰氏の養子となり武士身分を得た。藩主毛利家からすると家臣の家臣にあたる陪臣である。武士身分の松陰は「天下の人材になるなら柱島の医者でも阿月の儒者でも本藩の武士でもいいのでは」と反対しているが、武人にとっては重要なステップだったに違いない。

武人は翌安政四（一八五七）年には上京し、尊王攘夷派の儒者梅田雲浜の門下に入り、時代の渦に巻き込まれた。師の雲浜が安政の大獄に遭い、伏見の牢獄に入れられたのである。武人は牢獄破りによる救出策を松陰と相談している。このとき「才あれども気少し乏し」と旧師に評された武人だが、松陰門下の尊攘派志士としての活動を積み重ねてきた。

文久二（一八六二）年に高杉らと江戸品川に建設中の英国公使館を焼き討ちした。翌文久三（一八六三）年に久坂玄瑞らと下関に赴き、正規軍とは別の隊をつくり五月に外国船を砲撃する。しかしその後の米、仏艦の報復に対し武士団は完敗した。

これを受けて藩主から下関防御を任された高杉は六月、武士階級の枠を取り払った奇兵隊を結成し、武人も加わった。同じような戦闘集団が次々にでき、やがて諸隊と総称される。

奇兵隊には武士の身分や階級を問わず「有志の者」が集まり、農民や商人も受け入れた。正規兵とのいさかいが起き、その責任を取って高杉は九月に総督を退く。次の総督も但馬の生野で挙兵するため隊を抜け、武人は一〇月に三代目総督になる。すぐ下の軍監は下級武士出身の山県有朋だった。

武人は元治元（一八六四）年春、さまざまな身分の隊員を全て士分にするよう藩に求めた。画期的すぎた提案は聞き入れられなかったが、毛利家譜代家臣の高杉と違い庶民出の総督の面目躍如である。

やがて怒濤の夏。七月の禁門の変で長州藩は朝敵になる。八月の下関戦争では、英仏蘭米四カ国連合艦隊の砲撃で奇兵隊が守る砲台は徹底的に壊された。武人らは後退して陸戦に備えたが、藩は高杉を立て四日目から講和交渉を始めた。

秋に入り幕府軍による長州征討の包囲が始まると、幕府への恭順派が藩の実権を握る。三家老の切腹と四参謀の刑死で謝罪し、征長軍参謀の西郷隆盛は攻撃を猶予した。主戦を叫び藩内抗争も辞さない奇兵隊などの諸隊は解散を命じられた。

武人は藩内和平を第一に考えた。諸隊の存続や改革派の藩政への復帰を求め藩と交渉する。幕府が求める長州に身を寄せる五卿の九州移転を認め、諸隊も沈静化すれば、諸隊存続や改革派復職の見通しもようやく出てきた。

高杉と対立し裏切りの汚名

ガラス細工のような和平工作をぶち壊したのが、避難先の九州から戻った高杉である。恭順派を武力で制圧しようと唱えて一二月、下関の功山寺で挙兵した。伊藤博文など少数が従った。

武人と藩の交渉を見守って動かない諸隊に業を煮やした高杉は「赤禰は大島郡の土百姓ではないか」と言い捨てたという。幕府の巡見使が萩に入る日の挙兵はあまりに無謀で、藩は改革派七人を斬首した。しかし、こうしたのっぴきならない行きがかりが結果的に諸隊の決起を促した。

激戦の末、外国勢との実戦を積んでいた諸隊が内戦を制した。長州藩は抗幕体制である「武備恭順」へと藩是を転換する。高杉を批判した武人は裏切り者とされ、九州に逃れた。その後も武人は薩長和解に向け薩摩藩士や土佐の中岡慎太郎らと相談している。西郷に会うために上京しようとして慶応元（一八六五）年三月、大坂で幕吏に捕まった。

上京途中に養母らに手紙を書いている。高杉らの暴発で改革派が斬首されたことを残念がりながら、諸隊が内乱を制したことは「防長二国にとっての幸せ」と喜んでいる。

第二次の長州征討が迫っていた。武人は獄中から「公武合体、諸藩一致が大切で、征長戦を避けるように」との意見書を幕府に出した。長州は薩摩と手を結び軍備を増強して開戦に備えていたが、獄中の武人は知る由もなかった。

赤禰武人が処刑された鰐石河原。しめ縄のある重岩の下流沿いで斬首され、付近の土手に顕彰碑が立つ（山口市鰐石町）

武人は一一月、戦争回避の周旋のために釈放され、幕臣や新選組幹部と広島へ赴く。長州に戻り、戦を避ける方策を実際に探ろうとした。しかし藩内は決戦で固まっており、激動期に藩内不在だった武人との意識のずれは大きかった。

阿月に寄ると、薩摩へ身を寄せるよう旧友から勧められた。長府や岩国で自説を説こうとするが果たせず、郷里の柱島に帰った。藩の追っ手が迫ると、裁判で信念を主張するつもりで縛に就いた。

獄中で幕府に意見書を出し、長州に戻って隠れていたことをとがめる罪状に、弁明の機会は一切与えられなかった。慶応二（一八六六）年一月、山口の鰐石《わにいし》河原で斬首された。獄衣の背に「真似偽　偽似真（真は偽りに似て、偽りは真に似たり）」と記されていたという。

真を高杉、偽を武人になぞらえるのが表の歴史なら、裏返ってその逆になっていたらどうなったのか。「曲折はあっても、明治維新のパズルは組み上がったのでは」（徴古館の松岡智訓副館長）との見方もできよう。好戦一方ではないもう一つの維新の道筋を想像してみたくなる。

武人の死を、長府藩主をはじめ心ある人たちは惜しんだ。後に高杉も自身の死の床で悔やんだという。さらされるはずの武人の首は処刑の夜、覆面の士らに奪い去られた。

屈折経て「名誉回復」

明治になり政治基盤が確立されると政府は混乱時の処罰の行き過ぎを反省し、贈位による復権を進めた。明治四五（一九一二）年、武人の冤罪《えんざい》も晴れようとしたとき、猛然と横やりを入れたのが位人臣を極めた山県である。下関戦争で総督なのに命令も出さずに逃走して隊員は憤った、などと反論して贈位話は流れた。

武人が隊員たちと踏みとどまる、との記録もあり、山県の主張には暗い悪意が感じられる。奇兵隊日記で肝心の下関戦争部分が欠けているのも謎である。

武人の墓は柱島と阿月にあったが、平成七（一九九五）年には下関市吉田の奇兵隊及び諸隊顕彰墓地内にも建てられた。奇兵隊における武人の存在を形にしてほしいとの子孫の願いがかない、当時の記事には「名誉回復」との見出しが付いた。

幕長戦争 一　浜田藩から鶴田藩へ

なだらかな山並みに抱かれた岡山県津山市桑下で二〇一七年四月九日、旧浜田藩士の子孫でつく

旧浜田藩士の殉難碑前で営まれた慰霊祭。先祖の苦難の歴史に思いをはせた（岡山県津山市桑下）

る美作浜田会（本松允之会長、八六人）が慰霊祭を催した。幕長戦争で長州軍に敗れ、逃げ落ちた先で興した鶴田《たづた》藩の御殿跡に殉死藩士を悼む殉難碑が立つ。除幕した明治二三（一八九〇）年から続く慰霊の営みは戦時中も一年たりとも休まず、この日が一二八回目だった。

満開のカンヒザクラの下で催された一二八回目の慰霊祭には、東京や関西方面も含めて三〇人が参列した。浜田市の久保田章市市長も玉串をささげた。

＊

城を焼き敗残の旅三百キロ

島根県浜田市という地名からおおよそ思い浮かぶのは、山陰の港町あるいは水産都市のイメージだろう。開府四〇〇年を迎える城下町の印象はなぜか薄い。

頂から日本海が望める小高い城跡に登れば、こけむした石垣が目に入る。下って一歩、街に入ると、城下のたたずまいや薫りは不思議なほど漂ってこない。

その訳は、幕末の動乱に翻弄された浜田藩の歴史にある。長州軍に敗れ、城と城下を焼いたのである。藩主や藩士、家族たちは美作（岡山県北部）の飛び領地に逃げ落ちて行った。その数約三五〇〇人だったという。たどり着いた先で慶応三（一八六七）年三月、鶴田藩と改名して藩を再興した。

藩士たちは山あいの一七カ村の農家に間借りした。先が見えず気詰まりな暮らし。受け入れ側の困惑も目に浮かぶ。そうした機微は歴史のかなたに封印されている。「一つ屋根の下でどう呼び合えばよいか困った」「畳を上げ、切腹して果てた藩士がいた」。断片的な言い伝えから想像するしかない。

慶応二（一八六六）年の夏、島根県西部の益田市と浜田市西部で幕府軍と長州軍が激戦を繰り広げた。幕長戦争の主戦場の一つである。幕府による第二次の長州征討を受け、四つの藩境で戦って幕府軍を退けた長州側は四境戦争と総称する。

浜田藩の場合、西隣が長州藩という地理的な宿命があった。過激な攘夷に走った長州藩は最初の長州征伐で幕府に謝罪した後、攻められたら徹底抗戦する方向に転換した（「悲運の奇兵隊総督」参照）。再征へと幕府は動きだすが、長州とひそかに手を握った薩摩藩は出兵を拒否。多額の出陣費用に悩む西国諸藩にも厭戦《えんせん》気分が充満していた。

浜田藩としても、できれば避けたい戦だったようだ。開戦の二年前、「長州の暴走を許すのは遺憾だが、あまり窮地に押さえ込むのも危険」と諸藩に意見している。

親藩で、若き藩主の松平武聡《たけあきら》は後の将軍、徳川慶喜《よしのぶ》の弟である。征伐の幕命が下れば、矢面に立つしかなかった。

四境のうち石州口と呼ばれた戦線で、長州軍を指揮したのは西洋兵学に通じた大村益次郎である。武士以外の農民も加わり、最新のミニエー銃も装備していた。

幕府軍は、浜田藩、譜代の福山藩、御三家の紀州藩が中心だった。藩境の津和野藩は戦わずに長州軍を通過させ、松江、鳥取藩は後詰めで前に出なかった。

勝敗はあっけなくついた。長州兵は数で劣っても士気は高く、近代戦の訓練を積んでいた。紀州兵が敗走し、福山兵も浮足立つ。求めた援軍は来ず、和平交渉は長州側が突き付けた厳しい条件をのめずに行き詰まる。長州軍の砲声が浜田城下に届き始めた。

脚気の悪化で病床に伏せて指揮も執れない藩主武聡を家臣が説き伏せ、船で妻子と脱出させた。藩は城を焼いての一同退去を命じ、城と武家屋敷が火に包まれた。敵に居座らせないための「自焼退城」だった。

藩士八三〇人は松江藩内にとどまって反撃と再起を期した。だが、将軍徳川家茂と孝明天皇が続いて亡くなり、解兵の幕命で美作へ移った。

藩士に先立ち、家族らは美作まで約三〇〇キロの敗残の旅を強いられた。屋敷が火に包まれ、取るもの取りあえずのいでたちで一カ月から一カ月半がかかり。栄養失調のおさなごや老人が行き倒れるなど道行きは苛烈をきわめた。

ある家臣の道中記によれば、母、妻、息子に娘を亡くし、たどり着いた家族は二人を残すのみだったという。道の脇にうずくまる浜田の落人の哀れな姿は、美作の人たちにも言い伝えられてきた。

鶴田の地でも藩士は戦闘訓練に励んだ。慶応四（一八六八）年一月の鳥羽伏見の戦いで五一人が幕府方に加わり、敗れて賊軍になる。家老が切腹して藩は存続を許された。藩士たちは田畑を開墾し、開設された藩校で子弟の教育も始まった。

明治四（一八七一）年に御殿と藩庁が完成するが、一カ月後に廃藩置県で武聡は藩知事を解職されて東京に去った。藩士たちも散り散りになる。鶴田藩の短くも悲運の歴史は閉じられた。

歴史は勝者が書く。文部省維新史料編纂会が戦前に刊行した「維新史」全六巻に鶴田藩の記述は一カ所、それも各藩の転封紹介で「浜田藩主の松平武聡は美作鶴田に」の一行のみである。

「生存の礎」と歴史語り継ぐ

旧藩士の子孫たちは細々と自らの歴史を書き継いできた。一九九三年の「たづたはん第四集」という冊子は、「苦難の道をたどりやっと再興した鶴田藩こそが、現在、われわれが生存している礎であり、その人たちの苦労を絶対忘れてはならない」と記す。

美作浜田会は高齢化が進む。それでも二〇一四年には、傾いたり、倒れたりしていた無縁墓を共同墓地として整備する際、会員たちから一〇〇万円を超える寄付が寄せられた。

四代前が帰農しながら県の吏員になったことから、自身も津山市に住む佐野綱由さん（六七）は会の理事として毎年の会報発行に携わる。鶴田藩から引き続く美作浜田会の存在を、佐野さんは福島の原発事故で古里を追われて移転した町村役場にたとえた。

先人の記憶をつなぐためにも、「役場をやめるわけにはいかないんです」。会は慰霊祭の後、碑文が読みづらくなった殉難碑の説明板を設けることを決めた。

幕長戦争 二　戦意も民衆支持も欠く幕府軍

中世に高野山の荘園があった広島県中央部の世羅町は、今も県内有数の農業地帯である。人家が連なる町中心部の極楽寺に、幕末の農兵の手紙が残っている。

＊

最前線の庶民の怒りざれ歌に

幕府と長州が戦った慶応二（一八六六）年、鉄砲や刀を持って広島城下に来いと、この山間の地にも藩から命令が来た。有事に備える農兵組は、藩命で結成してまだ二年。農業の合間に訓練するだけで、戦へ行くとは思いもよらなかった。

その手紙は、くじ引きで順番を決めて仕方なく出て行った小太郎が、同寺住職の転誉に宛てた直訴状である。転誉は農兵組頭を兼ねており、頼りにされる地域の名士だったようだ。

小太郎が出かけた広島城下では、逃亡する農兵が続出していた。約束の一五日を過ぎても交代は来ない。家族の顔が浮かぶのか小太郎は「広島でもお願いするから、国元でも心配してほしい」と帰郷実現を切々と訴えている。

手紙の終わりに「何万人という寄兵隊（長州の奇兵隊）が数知れず入り込み、廿日市（広島県廿日市市）は火事大変」とある。実は迫る長州軍を前に広島藩自ら火を放った廿日市の火事だったが、何万という奇兵隊が広島に攻め込んでくるのではと小太郎は恐れおののいている。

幕府は慶応元（一八六五）年一一月、第二次長州征討の出兵を三一藩に命じた。抗幕派が政権を握った長州（「悲運の奇兵隊総督」参照）を「激徒再発」と非難し、一〇万石削減と藩主父子隠居の処分を幕府は決定。それを拒否した長州に四方面から攻め入ることにした。芸州口は最大規模で、幕府や諸藩の兵二万五千人が広島城下にひしめいた。

長州では、農・町民も奇兵隊などの諸隊に入り、西洋式の戦闘訓練に没頭した。自藩の正当性を説く印刷物を領内に配り、士庶ともども郷土防衛に燃えていた。

最前線となった広島の庶民にとって、戦争は迷惑千万だった。直接戦闘に加わらなくても農兵や軍夫として駆り出され、物品を徴発され、戦火に家を焼かれるなどいや応なく戦に巻き込まれた。怒りのやり場はざれ歌ぐらいだった。

「征伐ハ去年尾張てよいものを　またもふれ出す紀州ばか山」

第一次征討総督の尾張藩主は長州の謝罪で矛を収めたが、今度は和歌山藩主徳川茂承《もちつぐ》が総督とし

芸州口の戦いの舞台。小瀬川を挟み向かい（広島県大竹市）に彦根・高田藩軍、手前（山口県和木町）に長州軍が陣取った

て乗り込んでくることに引っ掛けている。

一方、征討を命じられた側にとっては戦意なき戦いだった。

出兵令の翌月、新選組の近藤勇が広島を偵察し、「旗本や諸藩の兵の勇気阻喪甚だしく、戦わしむるも勝算おぼつかなし」と京都の会津藩邸に報告している。「諸藩もまたひそかに征長を可とせざること」も挙げ、長州に寛大な措置を取った方がよいと上申した。

一揆頻発し避戦の連鎖

貿易急拡大による物価高や社会変動を受け、各地で百姓一揆が頻発していた。慶応二（一八六六）年に入り戦争が近づくと米価が急騰し、一揆や打ちこわしが広がる。財政難にも苦しむ諸藩は、戦争どころではなかったのである。

長州に接する石州の津和野藩は「将軍権威の押し付け。国家騒乱となり列強に付け入られる」と長州再征反対を幕府に直言した。長州と盟約を結んだ薩摩藩も出兵を拒否。

開戦後も途中で出陣を取りやめた今治藩のように避戦の連鎖が続いた。

広島藩も再度の征長に「理《ことわり》がない」との立場で、開戦阻止の立場から幕府と長州藩の周旋に努めた。これを不快とする幕府が藩執政の野村帯刀や辻将曹を謹慎させると、少壮藩士たちが憤激するなど出兵拒否の機運が充満していた。征長軍は、戦う姿勢を見せない広島藩に代わり彦根藩と高田藩（現新潟県）に芸州口の先鋒を命じた。

慶応二（一八六六）年六月一四日、国境の小瀬川を挟んで開戦。武者と従者からなる時代遅れの彦根、高田軍を、長州側は兵士が自発的に動き回って発砲する散兵戦術で翻弄する。目に鮮やかな「赤備え」で知られる彦根軍は格好の標的となった。

洋式軍隊の幕府歩兵や和歌山藩軍が出てくる大野、宮内村（廿日市市）の戦いでは一進一退の攻防になる。途中、幕府軍の副総督が独断で止戦工作をして総督が激怒し、和歌山藩兵を前線から引き揚げる混乱の一幕も。その代わりに守備を担当した広島藩は、長州軍の通過を阻止して兵士も鼓舞しようと廿日市の町家を焼いた。

長州再征で大坂にいた将軍徳川家茂《いえもち》が七月二〇日に死去。幕府軍は芸州口では広島まで撤兵し、他の三方面では惨敗した。九月二日、厳島（宮島）の大願寺で休戦講和となる。

「紀州の殿さん鰯《いわし》か雑魚か　鯛《たい》（奇兵隊）に追われて後ずさり」

現広島県北部の三次地方で広まったざれ歌である。食料や医療面も含めて民衆に細かく配慮した長州軍に比べ、乱暴な振る舞いが多かった幕府軍への反感がこもっている。

戦意もまとまりも、民衆の支持も欠いていた総勢五万余の幕府軍は、こうして五千人余りの長州軍に敗れ去ったのである。

惰性と過信で立ち止まれず

事前に勝ち目が薄いと幕府に避戦を意見したのは近藤だけでない。形だけの処分受け入れを水面下で長州に働き掛けた幕臣もいた。なぜ幕府はリスクの大きい開戦に踏み切ったのか。

将軍家茂が大坂に乗り込んだ後の慶応元（一八六五）年九月、兵庫沖に列強の連合艦隊が現れた。通商条約の朝廷勅許と兵庫開港を求める示威行動に畿内は大混乱に陥る。朝廷はついに条約を勅許するが、その過程で家茂が征夷大将軍の辞職願を出すという大事件が起きた。

攘夷一辺倒の朝廷からの自立を目指す開国派幕臣の策動でもあった。結局、朝廷を後ろ盾にした一橋（徳川）慶喜らの反対で辞職は撤回され、開国派は失脚した。幕政の主導権を巡る暗闘に力を使い果たしたことが災いしたのか、惰性と過信が支配する長州再征を思いとどまることはついにできなかった。

幕長戦争時の火災の痕跡が出土した広島県大竹市小方の発掘現場（広島県教育事業団埋蔵文化財調査室提供）

近年、幕長戦争があった広島県西部の大竹、廿日市市内で発掘調査が行われた。街道沿いを中心に一七四八軒が焼失したとされ、大規模火災の痕跡があちこちから出土した。広島県教育事業団の埋蔵文化財調査室に保管されている黒い焼土や炭化材は、一万人近くが焼け出された庶民受難の証しである。

幕長戦争　三　矢面の少年福山藩主

広島県の東端にある福山市の福山城は、新幹線駅に隣接した全国でも珍しい城である。その城から北西へ一キロ余りの山裾から細い道を登ると、木立に囲まれた墳墓が現れた。幕末維新の激流に福山藩が翻弄されるさなか、二〇歳で病没した藩主阿部正方《まさかた》が眠る。

＊

攘夷訴え幕府の逆鱗に

先客がいた。退職して間もない地元の男性。「新聞で見てね。県外勤務が長かったこともあって、ここに来るのは初めて」。正方没後一五〇年の二〇一七年一二月、墓所が福山市史跡に指定されたことを伝える地方版記事のささやかな反響だった。

福山藩主の阿部家はペリー来航時に老中だった正弘亡き後、おいの正教《まさのり》が継ぐが病死する。その

阿部正方の墓所。長州軍侵攻の前夜に仮埋葬され、明治3年にこの地に葬られた（広島県福山市北本庄2丁目）

弟正方が急きょ一四歳で九代目藩主となった。文久元（一八六二）年のことである。

開国の道筋を付けた正弘のイメージに引きずられて幕末の福山藩を開明的と思い込むと誤る。

正弘の先生役の侍読《じどく》だった門田朴斎《もんでんぼくさい》は武力を背にしたペリー艦隊からの米国書受領を「国辱」と批判し、罷免されて福山に帰る。別の家臣は攘夷決行を上申したが入れられずに自決した。激烈な攘夷主義が正弘の足下で渦巻いていたのである。

藩論を引っ張る儒者たちは、神辺の菅茶山の縁もあって頼山陽門下だった。そのことをもってこの藩の攘夷熱を説明しようとする向きもあるが、今一つしっくりこない。確かに朴斎は攘夷論者の硬骨漢だが、山陽亡き後「日本政記」を完成させた関藤藤陰《せきとうとういん》は正弘の懐刀で幅広く現実の政務に通じていた。黒船に招かれて乗船したこともある江木鰐水《がくすい》は西洋兵学を取り入れ、単純な攘夷には反対の立場だった。

そもそも評論家肌の自由人である頼山陽を単純に攘夷派とくくることに無理がある。しいて言えば、外様大名がひしめく中国路の要の譜代大名だっただけに、武威に対する強烈な誇りがペリーの力に屈することを許さなかったのではなかろうか。

正方の登場は、西洋列強との貿易拡大で物価が高騰し、攘夷の嵐が吹き荒れた頃である。臣下には正弘の開国論への反動もあった。少年藩主は時流に乗るかのように自らの侍読として朴斎を復権させ、尊王攘夷を藩論に定める。自ら希望して朝廷のある京都の警護にも就いた。

朝廷の圧力にたまりかねて幕府は攘夷令を出し、長州は過激な攘夷に走った末に京都から追放された（「七卿落ちの絵」参照）。幕府は長州藩を厳罰に処し、朝廷が望む横浜鎖港（「攘夷の舞台裏」参照）は非現実的とする考えに傾く。

ところが正方は元治元（一八六四）年六月、幕政を批判する建白書を出した。長州には寛大な処置を望み、横浜鎖港の速やかな決断を促す内容。異国が従わねば開戦やむなしともある。若さ故か、譜代大名としては大胆な攘夷論だった。

長州藩にも暴走を戒める手紙を送ったが、長州は七月に禁門の変を起こして朝敵となる。幕府は長州征討に乗り出し、福山藩も広島に出陣したが、長州の謝罪で一一月に終結した。

その頃、幕府から呼び出し状が届き、正方は翌慶応元（一八六五）年一月に江戸に出向く。老中の阿部正外《まさと》は、譜代の福山藩士が他藩の尊攘志士と交わり、幕府を批判したことを叱責した。年なお少ない正方の責任は問えないから重臣たちを処罰せよと迫った。

開国派の幕閣が力を盛り返した時期に正方は虎の尾を踏んだのである。家臣の行動は藩主の自分の意思と答えたが、藩士五人を蟄居《ちっきょ》処分にせざるを得なかった。

先鋒命じられ長州軍に惨敗

同じ頃、長州藩は抗幕に転じ、幕府は再度の長州征討に踏み切る。福山藩は石州口の一番手を命じられた。近隣親藩の浜田、松江藩を差し置いての先鋒指名には含みを感じさせる。矢面に立たされた正方や家臣には、汚名返上との思いも働いたことだろう。

福山から三六〇〇人余が一二月までに出陣した。度重なる出兵で、領内で集めた軍夫は前年の半分以下の九〇〇余人。慶応二（一八六六）年六月、先発隊が浜田兵とともに益田で長州軍と対戦した。槍での白兵戦では果敢に戦ったが、銃性能で劣り、兵が自在に動く近代戦法にも付いていけずに惨敗した。期待した紀州藩の援軍は来ず、松江、鳥取藩は後詰めに徹した。こうして敗れても武闘派福山の印象は後にさらなる矢面を招くことになる。

正方は脚気が悪化して粕渕（島根県美郷町）より先には進めなかった。引き揚げる際は敗残の姿を領民にさらすのを恥じ、暗くなるのを待って自領に入ったという。慶応三（一八六七）年一一月二二日、短い生涯を閉じた。

政局は激動し、一二月九日に王政復古となる。福山藩は跡継ぎどころでなく棺を城内に置き喪を秘した。翌慶応四（一八六八）年一月三日、鳥羽・伏見で薩長軍が幕府軍と激突する。

薩長勝利の知らせを受け、尾道に駐屯中の長州軍は九日、朝敵徳川と君臣関係にあることを理由に福山藩に宣戦布告。三方から城下に攻め込み、潮待ちの良港として知られる鞆には薩摩の軍艦が姿を現した。民衆は逃げ惑い、城内ではいきり立つ主戦派に重臣たちが隠忍自重を説いた。長州軍は城の西側の芦田川を越え、砲弾を天守閣に撃ち込んだ。からめ手の北からは先発隊がなだれ込む。小丸山と呼ばれる城郭内の小山の脇に鍔水が掘らせた塹壕《ざんごう》から福山兵が一斉射撃して撃退した。

無血開城後に箱館でも犠牲

福山藩は時を置かず、正使三浦義建、副使に藤陰を立て和議に動く。二人は敵弾をくぐって長州藩参謀の杉孫七郎に会い、朝命を守ることを誓って戦はやんだ。戊辰戦争での無血開城の先駆けである。

その後も福山藩の矢面は続く。明治に改元後の一〇月、新政府から出征命令を受けた藩兵六九六人が鞆から箱館へ向かった。榎本武揚率いる幕府軍と激戦の末、明治二（一八六九）年五月に終戦。戦死者二五人、負傷者多数の犠牲を払った。

明治四（一八七一）年の廃藩置県で深津県となるが、県庁は笠岡（岡山県笠岡市）に置かれた。小田県への改名を経て岡山県に編入、明治九（一

無血開城した福山城。からめ手（左下）からの長州軍の攻撃に応戦した後、福山藩は和議を結んだ（広島県福山市丸之内）

八七六）年に広島県に。変遷ぶりは福山冷遇の印象を拭えない。吹き付ける寒風はしかし、官にたのまない自主独立の気概を熟成させた。この地域にオンリーワン企業が多いのも試練の歴史の産物と思えてくる。

奥羽皆敵と見て　長州藩士の下参謀世良修蔵

古地図を頼りに福島市内で阿武隈川の岸辺を歩いた。一五〇年前、奥羽鎮撫使下参謀《おううちんぶししも》として東北入りした長州藩士の世良修蔵は、東北人の怨嗟《えんさ》を一身に浴びてこの河原で斬首されたという。どこにも何の目印もなかった。河川敷は広場になり、遠くに奥羽山脈が白く輝いている。

＊

主戦派人脈から抜擢

世良は長州藩（山口県）でも柳井市阿月を領有する浦氏の家臣で、毛利本家からは家来の家来という陪臣《ばいしん》に当たる。実質的な指揮権限を持つ下参謀に抜擢され、気負って東北入りしたことだろう。最大の任務は朝敵とされた会津藩の征討だった。

薩長が主導する新政府から会津に攻め入るよう命じられた仙台藩は戦を望まず本気で動かない。それならばと強硬姿勢をエスカレートさせた世良は東北諸藩の恨みを買い、仙台藩士らに殺害され

世良修蔵が斬首された阿武隈川の河原。埋められた胴体は洪水に流されたという（福島市腰浜町）

た。戊辰の東北戦争の引き金を引いた事件である。

世良は山口県周防大島町椋野《むくの》の庄屋の生まれ。民衆に海防を説いた柳井市遠崎の僧月性《げっしょう》に学び、尊王攘夷論に共鳴した。江戸で著名な儒者安井息軒の塾では塾頭になる。粗暴な極悪人としてドラマなどでは描かれるが、実は相当な秀才である。養子に入り武士身分を得た。

長州藩は元治元（一八六四）年に禁門の変で朝敵とされ、幕府軍に家老三人の首を差し出し恭順を誓った。奇兵隊に入っていた世良は、藩の対応の弱腰ぶりに憤激する。高杉晋作の挙兵による藩内クーデターに呼応し、周防（山口県東部）で仲間と第二奇兵隊を結成した。

幕府の第二次長州征討、長州で言う四境戦争が慶応二（一八六六）年に起きる。大島口の戦いで、地理に明るい世良は島の山伝いに部隊を動かした。夜襲あり石落としあり、農民との連携も良く幕府軍から大島を奪回した。

兵学書の出版も企てた。萩の版元に断られたため大村益次郎に口利きを頼んでいる。大村によるオランダ兵学

世良修蔵の肖像画
（僧月性顕彰会蔵）

翻訳書の要約版と思われる。同じ周防の農民身分出身の大村は気脈が通じるよき先輩だった。

慶応四（一八六八）年正月明けの鳥羽伏見の戦いで世良は中隊を率い、激戦をくぐり抜けた。軍艦で江戸に逃げ帰った徳川慶喜《よしのぶ》と会津藩主の松平容保《かたもり》らは官位を剥奪されて朝敵となる。

新政府は一月一七日、東北大藩の仙台藩に会津攻撃を命じた。二月に奥羽宣撫使の派遣を決め、公家の総督の下で実権を握る参謀に長州藩の品川弥二郎、薩摩藩の黒田清隆を任命した。容保の「死謝」が大総督府の方針だった。

容保は会津に引き揚げて恭順姿勢を示す一方で、抗戦の構えを強めた。東北へ十分な兵力を割く余裕は新政府にない。頼りとする仙台藩内でも会津征討に賛否両論が渦巻く。火中の栗を拾うことになる参謀職を品川と黒田は辞退した。

長州藩内にも会津の寛大処分を認める意見はあった。政府参与の広沢真臣は戦を避けるため会津説得に尽力するよう米沢藩の宮島誠一郎に求めた。それに対し、新政府の基盤固めに「戦争が最上の良法」と考える木戸孝允、後に上野で彰義隊を滅ぼす大村らが主戦派だった。その人脈に連なるのが新たに下参謀となった世良である。薩摩からは大山格之助が下参謀に就いた。

任命翌日に京都出発という慌ただしさ。九条道孝総督の下、薩長と筑前の兵を合わせて五四六人が蒸気軍艦で三月一八日、仙台領に着いた。面会に来た仙台藩主の伊達慶邦に九条総督は会津に討ち入れとの朝命を伝えた。

仙台藩は米沢藩と連携し会津藩の降伏で事態打開を図ろうとした。世良は「協議など無駄。ただちに会津を討たれよ」といら立ち、会津藩への同情論を述べる者を罵倒した。わずかな兵しか従えておらず、朝廷の威を借りてごり押しするしかなかったのだろう。

大藩で門閥意識の強い仙台藩士たちは、陪臣上がり参謀の高飛車な態度が腹に据えかねたようである。世良を襲撃する計画を藩首脳が制止する局面もあった。世良からの矢の催促に対し、四月一一日に藩主率いる六千人近い軍団が仙台をたち白石《しろいし》城へ入った。会津兵と小競り合いはしたが形だけの出兵だった。

会津の寛大処置に強く反対

仙台藩は家老の但木《ただき》土佐らが会津藩の救済に向け、米沢藩や東北諸藩と連絡を取る。慶応四（一八六八）年は四月が二度あり閏《うるう》四月一一日に白石で列藩会議を開いた。席上、恭順謹慎した容保に対して寛大処置を求める嘆願書に一四藩が調印した。

平和的解決を願う奥羽の総意として九条総督に提出すると、九条は嘆願の趣旨に理解を示した上で「下参謀らは同意しないだろう」と述べた。総督はその後、寛大処置はできず、早々に討ち入るよう指示した。容保の首を差し出さねば謝罪にならない、とする世良が強硬に反対したためである。

世良は戦略の練り直しが必要と感じた。出張先の白河から福島の宿金沢屋に入り、庄内藩征討で新庄方面にいた大山参謀に手紙を書く。福島藩の用人に託したその密書は仙台藩士の手に渡った。「奥羽皆敵と見て」反撃するため京都や大総督府の西郷隆盛に相談し、海陸から会津、庄内藩を挟撃を、と書いてあったという。激怒した仙台藩士は福島藩士とともに二〇日未明、女と同衾《どうきん》中の世良を捕らえ、河原で斬首した。

但木は実は、密書事件の前から世良殺害を容認していた。東北全体を戦乱に巻き込むその後の展開を見れば、「世良さえいなければ」との激情の発露は短絡的にすぎるのではなかろうか。

白石での列藩会議には米沢藩の宮島も出席していた。広沢の避戦意見を伝えて決裂を避けるよう根回しをしている最中に世良殺害の一報が入り、その努力は水泡と帰した。「皆万歳を唱え、悪逆天誅愉快愉快の声がやまなかった」と宮島は書き残している。

斬首招いた密書に偽造説

世良の密書には偽造説もある。木戸宛ての手紙で大村は、降伏間近の仙台藩が「会津藩が偽造した世良密書にだまされて世良を殺した」と弁明したことを明かしている。仙台藩の見え透いたうそに大村は憤慨したが、「偽造自体を認めた事実は残る」(山口県防府市の歴史研究家山本栄一郎氏)との見方もできよう。

明治になり世良の首を改葬した白石市の墓碑銘は、「為賊所殺(賊の殺すところとなる)」のうち「為賊」の二文字が誰かの手で削りとられている。ざらざらとした削り跡に触れると、誇りを傷つけられた東北人の遺恨が伝わってくるかのようだ。

不器用な情熱家である世良のやり方は柔軟性を欠き、時に激烈過ぎた。見方を変えれば、新政府方針をぶれずに力ずくで貫こうとしたのである。「東北戦争の元凶」との悪人伝説が広まったが、本当に彼だけのせいだったのか。

時代変革の捨て石となったとも言えるだろう。品川は後年、世良の話になると、自分の身代わりになったと言っては涙したという。

会津の義　長州遺恨の虚実

春の日差しが降り注ぐ福島県郡山市から高速バスに乗り、降り立った会津（同県会津若松市）はまだ雪国だった。「ならぬことはならぬものです」。会津藩の子弟教育の掟《おきて》が記された標語柱が会津若松駅前で外来者を迎える。

＊

火中の栗拾い朝敵の汚名

福島県内でも会津盆地の川だけは日本海へ注ぐ。厳しい気候風土は勤勉で義を尊ぶ強兵を育てた。

幕末の京都が尊王攘夷派の横行で混乱状態に陥ると、この質実剛健な藩の力を借りようと幕府は考えた。家臣は猛反対し、藩主の松平容保《かたもり》も固辞するが、幕府はあきらめない。最後は「将軍への忠誠」という藩祖以来の家訓を持ち出して説得された容保はついに京都守護職という火中の栗を拾った。時代の激流にのまれた会津藩は変遷を経た後に朝敵とされ、惨劇に巻き込まれていく。

敗者の側の二〇一八年は戊辰戦争一五〇年である。薩長が主導して近代国家へ歩み始めた明治維新に対し、「会津藩は大義が見えないこの変革の流れに最後まで抵抗を続けた」と会津若松市の戊辰一五〇周年記念事業の紹介文にある。

約5千人が1か月間籠城して戦った鶴ヶ城。天守閣は1965年に再建された（福島県会津若松市追手町）

長州への遺恨は広く知られている。戊辰一〇〇年の前年には青年会議所のレベルで、一二〇年の前年には山口県萩市の観光協会が両市の和解・友好都市縁組を提案し、会津はどちらも断った。

二回目の縁組話は会津若松市長選と重なり、慎重派が当選した。それから三〇年。山口県から来た、と口にしにくい空気は今も残る。

文久二（一八六二）年、兵千人を率いて

入京した容保は翌三（一八六三）年八月一八日、攘夷激派の長州藩兵と少壮公家の追放に貢献し、孝明天皇の信任を得た。農商出身を含む浪士で構成された新選組も配下に置き、攘夷派の志士を抑えた。元治元（一八六四）年の禁門の変では長州軍を薩摩藩とともに撃退し、御所に発砲した長州は朝敵となる。順風を受けていたのはここまでだった。

幕府が西国諸藩の反対を振り切って第二次長州征討を企てると、薩摩藩が離反して長州を支援する。慶応二（一八六六）年の幕長戦争で幕府の敗色が濃厚になったころ、孝明天皇が急死した。天皇の代替わりで、薩長の倒幕運動が勢いづく。戊辰の慶応四（一八六八）年正月、鳥羽伏見の戦いで旧幕府軍は敗れ、会津藩は賊軍、朝敵の汚名を着せられた。前帝に尽くし、最も信頼された会津にとっては理不尽な仕打ちだった。

徳川慶喜《よしのぶ》に連れられ江戸に逃げ帰った容保は、戦意をなくした慶喜とは違う道を歩む。会津に帰り恭順の姿勢を取りながら洋式軍制を導入した。「鳥羽伏見では敵の発砲に応戦しただけ。朝廷に異心はない」と容保は藩士たちに述べた。

「大義は我らにある」との表明だった。その発展型が後に結成される奥羽越列藩同盟の盟主である輪王寺宮《りんのうじのみや》の令旨である。「幼主（新天皇）をあざむいて先帝の遺訓に背く君側《くんそく》の奸臣《かんしん》」の征討を命じる内容で、奸臣は薩長はじめ新政府幹部を指す。

東北諸藩が求めた会津の寛大処分を新政府は認めなかったため、奥羽越列藩同盟が慶応四（一八六八）年五月に結成された。白河（福島県白河市）から、同県の海岸部、そして越後（新潟県）でも新政府軍との戦火が広がる。

同盟軍はじりじりと後退して敗色も濃くなるが、新政府軍は旧幕府勢力の「根」である会津藩を倒すことを最終標的とした。会津へ至るいくつかの進入路の中でも防備が薄い北東の母成《ぼなり》峠から八月二三日、城下に攻め込んだ。

白虎隊《びゃっこたい》の少年藩士たちは飯盛山で集団自刃した。家老の西郷頼母宅では夫と長男を登城させた後に妻と五人の娘が自害するなど藩士家族の殉難者だけで二〇〇人以上にのぼったという。容保や家臣、女性を含む家族らも鶴ヶ城に籠城し、砲弾が降り注ぐ中での防戦を続ける。九月に入ると米沢、仙台藩も降伏する中、一カ月後の二二日、ようやく白旗を掲げた。

白河口の戦いも含めた戊辰戦争による会津藩の死者は約三千人といわれる。とりわけ会津の戦いでは、悲劇の数々が伝えられている。「会津戊辰戦史」は、兵火や放火で荒野となった惨状や敵の略奪行為を描き、「無辜《むこ》の民を殺戮し或《ある》いは婦女を姦し憚《はばか》るところなし」とも記した。

会津藩は二三万石の領地を没収され、明治二（一八六九）年に斗南藩《となみ》（現青森県）三万石となる。廃藩置県までの間、下北半島の寒冷地で藩士と家族は辛酸をなめた。朝敵の烙印《らくいん》も人々の心に重くのしかかった。

天皇制国家の下、会津は朝敵の負い目から逃れられずに明治、大正が過ぎた。昭和三（一九二八）年、旧藩主容保の孫の勢津子妃と秩父宮の成婚が決まると、「これで汚名が晴れた」と会津の人々は感涙にむせんだと伝わる。

中国大陸から太平洋に戦火が広がり、日本全体が戦時色に覆われると、今度は自刃した白虎隊が日本精神の発露としてたたえられた。朝敵がいつの間にか「皇国の少国民」の結束に動員されるという軍国主義の下での反転現象。地元では栄誉なこととしてとらえられた。

そのころ、戊辰の遺恨はどこへ行ってしまったのか。「皇国」という抗いがたい体制のふたに覆われてはいたが、目に見えない地中に伏流していたとみるべきだろう。それは日本の敗戦から年月を置いて噴き出した。

会津攻めをした諸藩の中で、遺恨の矛先はなぜか長州だけに向いた。自藩の愚直さとは対照的に、朝敵が一転、官軍へ変わり身して会津に意趣返ししたことへの反発もあろう。薩摩は、西南戦争に元会津藩士が参戦し、あだを晴らして幾分は免罪されたかのようだ。

具体的な怨念の理由の第一は、戊辰戦後半年間も会津側の死者の埋葬が禁じられて野ざらしになったこと。第二が過酷な斗南転封だった、とされてきた。

埋葬禁止説覆す史料発見

埋葬禁止の話は昭和四〇年代から広まり、五〇年代に定説となった。ところが開城一一日後に新政府の指示で埋葬が始まったことを示す新史料がこのほど出てきた。会津若松市史研究会副会長の野口信一さん（六八）が二〇一七年一〇月、『会津戊辰戦死者埋葬の虚と実』を出版して発表した。

会津藩士が戦死者埋葬と費用を記した史料。城下や郊外で捜索した遺骸五六七体を明治元（一八

会津側の戦死者遺骸は阿弥陀寺にまとめて葬られた。同寺の改葬壇の周りに石垣を巡らせて明治6年に建てられた戦死墓（福島県会津若松市七日町）

六八）年一〇月三日から一五日までに六四カ所へ埋葬したとある。新政府が占領地支配のために設置した民生局が指示した。遺骸は二年二月以降、市内の阿弥陀寺にまとめて改葬された。これが「半年野ざらし」の誤解につながったという。

昭和四〇年代から敗者の歴史に光が当たり始めたことも遺恨の背景にありそうだ。司馬遼太郎はじめ多くの作家が会津の悲劇を取りあげた。紀行文で司馬は、会津藩を封建時代の藩の「最高の傑作のように思える」と称賛した。会津の義が誇りを持って語られる一方、戦前に続いて戦後も岸、佐藤の兄弟総理を出した長州へ怨念が集中していく。

会津は観光都市である。「会津人の頑固さやこだわりのブランド化が観光で利益を生むことも関係があるだろう」（野口さん）との見方もできよう。「誤った歴史認識に基づく長州への怨念」を認める自省の流れはしかし、まだ主流ではない。

「日本の夜明け」に違和感

復元された会津藩校日新館の宗像精《ただし》館長（八五）の講演会が二〇一七年一一月に萩市であった。昭和一〇年代の尋常小学国史教科書の「若松（鶴ヶ）城にたてこもって官軍にてむかった」との記述に触れ、朝敵とされた会津の苦しみを語った。

わだかまりをどうにかしたいと会津訪問が五〇回を超す萩市の医師山本貞寿さん（七九）が招いた。宗像さんは「仲直りはできねえんです」と、山本さんとあえて握手しなかった。「心の通う交流を」との思いは山本さんと共有する。

会津で宗像さんに会った。「史実を史実として残すことが大切」と言う。和解すれば荷を降ろした気になり、過去を振り返らなくなるからだろう。「明治維新は日本の夜明け」との表現への違和感も口にした。会津に深い傷痕を残した維新とその後の戦争の連続、それらが行き着いた末が広島・長崎の悲劇だったことを残念に思っている。

勝者の歴史観を疑う敗者のまなざし。朝敵会津をそのままに、明治一五〇年を祝おうとする日本国政府にも向いている。

白河踊り伝　奥州から長州へ

山口県内の各地で今も踊られている「白河踊り」の起源は福島県白河市の盆踊りという。夜のとばりが下りると口説き唄《うた》が聞こえてくる。「〽ヤレサー　揃《そろ》うた揃うたよ　踊り子が揃うたよ」。締め太鼓の拍子に合わせ浴衣姿の老若男女がゆったりとした所作で踊りの輪をつくる。

山口市平川地区の白河踊り。昭和30年代に復活し、地区内5カ所で踊り継がれている（平川地域交流センター提供）

＊

戦死者供養の踊り　起源か

戊辰戦争で新政府軍と奥羽列藩同盟軍が激突した白河口の戦い。その戦死者を供養する踊りに加わった長州兵が古里に持ち帰って広めたと伝わる。

所作や口説き、名称にもバリエーションはあるが、今でも県内八〇カ所以上で踊られ、かつては一〇〇カ所を超えていた——。同県萩市で工務店を営む中原正男さん（六七）が一〇年がかりで調べた結果を二〇一七年末、「白河踊り　奥州白河からふるさとへ伝えた盆踊り」にまとめて出版した。

言い伝えだけで記録はない。伝承すらない地区も多い。庶民出身の兵士が村々に伝えた踊りだけが一五〇年の時を超え引き継がれていることへの驚き。それが調査の原動力だった。

列藩同盟軍主力の会津藩が慶応四（一八六八）年閏《うるう》四月二〇日に白河城を占拠して以降、新政府軍との城争奪戦が一〇〇日間も続いた。結果的に列藩同盟軍は大敗し、大打撃を受けた。戦死者は千人を超す。

奥州の入り口「白河の関」のある白河は、街道が交わる要衝である。白河藩主で幕府老中だった阿部正外《まさと》は南東隣の棚倉藩へ転封されており、城は藩主不在だった。

新政府軍の拠点を仙台藩内から白河城に移そうとしたのが奥羽鎮撫使《ちんぶし》下参謀《しも》の世良修蔵である。朝敵とされた会津の征討を望まない東北諸藩の離反に備え、関東から援軍を得る作戦だった。その矢先の閏四月二〇日に仙台藩士らに殺害され、同じ日に会津軍が城占拠に動く。東北戦争勃発である。

五日後の二五日、新政府軍は宇都宮から白河に進軍するが会津軍などに退けられた。五月一日、仕切り直しの新政府軍七〇〇人は三方面から攻めたてた。連発銃など新式の銃砲が威力を発揮。三千人近い列藩同盟軍を敗走させ、一日にして白河城を奪った。

列藩同盟軍は数に勝るが銃撃戦には不慣れだった。無謀な突進で指揮官が倒れて混乱した。会津、仙台藩兵など七〇〇人余りがこの日に戦死したと言われる。それに対し薩摩、長州、大垣藩などからなる新政府軍の死者は十数人だった。その後も七月まで列藩同盟軍は波状的に攻め寄せるが、城の奪還はならなかった。

両軍犠牲者分け隔てなく埋葬

城主なき白河の人々も戦に巻き込まれた。軍夫に駆り出され、家財を略奪され、家を焼かれもした。死屍《しし》累々となった両軍の犠牲者をそれでも分け隔てなく埋葬し、香華を手向けたという。後に白河の「仁」とも称される人々の心ばえである。

戦が一段落し、旧暦の盆が巡り来た。ここからは想像だが、あまたの戦死者を慰霊する特別な年の踊りの輪に、新政府軍の兵士たちが飛び入りしたのではなかろうか。長州藩は士農混成の諸隊兵が主力である。夕闇をついて流れくる盆踊り唄に郷愁を誘われ、農村出身の兵士たちの血が騒いだことだろう。

長州藩士の楢崎頼三が率いた中隊約一〇〇人は白河口の戦いで戦死五人、療養中死亡二人、負傷二八人を出した。その後の会津戦などを加えると戦死一六人、療養死五人、負傷四三人。常に死が隣り合わせだった。

宿屋が軒を連ねていた白河宿。戦争特需で接客の女性も多く、「吉原（江戸の遊里）以上のにぎわい」とも言われた。明日をも知れぬ身の兵士は座敷で女たちと死者を弔う踊りに興じ、忘我の境地に浸ったのかもしれない。

生死ない交ぜの混沌を包み込む白河の踊り。体験の強烈さゆえ、郷里に持ち帰ったと想像したくなる。新政府軍の一翼を担った旧大垣藩領の岐阜県大垣周辺にも「白川踊」として伝わった。萩市南部の佐々並地区では、昔は地区内一〇の集落ごとに新盆の家の前を回りながら踊っていた。今では盆のふるさと祭として地区全体の催しとなり、帰省者も加わって白河踊りの輪ができる。その踊りの縁で二五年前、地区の六人が白河市を訪問している。

昭和初期の佐々並の地区読本「偉人を尋ねて」には、佐々並から二人が東北戦争に従軍したとある。そのうち一人は会津で戦死した。もう一人は帰還後の明治三（一八七〇）年に諸隊の反乱（脱退騒動）（「隊中様になった反乱兵」参照）に連座して二四歳で斬刑となり、一九歳の妻が残されたという。

記録には残っていないが、白河踊りとの深い因縁も感じさせる。

村出身の兵士たちは明治二（一八六九）年、東北戦争の英雄として郷里に凱旋した。彼らが出身の村々に白河踊りを伝えたと考えるのが自然だろう。彼らの多くはしかし、戦が終わったらご用済みとなる宿命だった。「命を懸けて戦ってきたのは何だったのか。彼らにとって年に一回踊ることがプライドを取り戻せる瞬間となったのではないか」（中原さん）との見方もできよう。

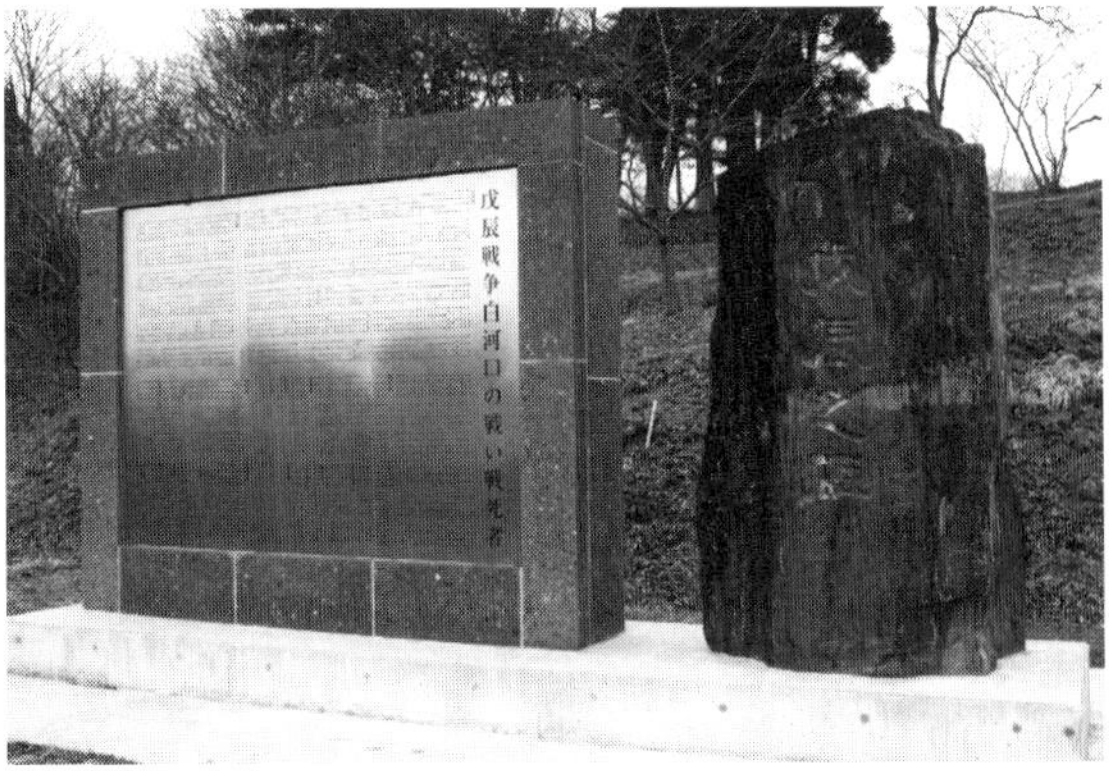

戊辰戦争白河口の戦い記念碑。犠牲者千余人の名を刻み、2015年に除幕された（福島県白河市の稲荷山）

諸隊反乱で由緒おぼろげか

帰還後に諸隊から常備兵に選ばれたのは武士出身の兵士だけという差別待遇に抗議し、翌年の諸隊の反乱には農民出身兵たち二千人近くが加わった。かつての英雄たちは鎮圧され、敗者となる。

踊りの由緒がおぼろげにしか伝わっていない理由も分かるような気がする。由緒を語れば、命を投げ出して戦った兵を使い捨てにした藩や新政府の仕打ちに触れざるを得なくなる。お上による理不尽な手のひら返しへの思いにふたをしたまま、踊りだけが伝わったのだろう。

発祥の地である白河市では、単に盆踊りと呼ぶ。山口県内と所作はかなり違い、しの笛のはやしも付く。踊りの代表が二〇〇八年、萩市で維新一四〇年記念の白河踊りレセプションに参加した。白河の名が残っていることに感激し、「伝えていかねば」との思いを強くするきっかけになった。両市の小学生の交流も二〇一八年から始まった。

白河市には戊辰戦争の犠牲者を弔う供養塔や墓が数多くある。三年前、激戦地の稲荷山に戊辰戦争白河口の戦い記念碑が建てられた。同盟軍、新政府軍の犠牲者千余人の名前が刻まれている。

二〇一八年七月には白河市で戊辰戦争一五〇年の合同慰霊祭があり、萩市などこの地で戦った兵士たちの出身都市の代表が全国から集まった。「甦る『仁』のこころ」―がテーマだった。

裏切られた御一新期待　隠岐騒動

島根半島の北方約五〇キロに浮かぶ島根県の隠岐群島は島後《どうご》と島前《どうぜん》からなる。島後にある隠岐国一宮（おきのくにいちのみや）の水若酢《みずわかす》神社を約束の時間に訪れると、忌部《いんべ》正孝宮司（七一）は外出中だった。地域の人が亡くなり葬式を執り行っているとのことで、しばし待った。

＊

島民政府八〇日間の自治

隠岐島後の西郷港。町の中心部（左端）に松江藩の陣屋があった（島根県隠岐の島町）

島後全体を町域とする人口一万四千余の隠岐の島町。葬儀の三分の二は「神葬祭」と呼ばれる神式で行われている。神職の祝詞《のりと》、玉串奉奠《ほうてん》、音を立てない二拍で故人を見送る。

神葬祭は幕末以降、廃仏運動と呼応するようにして広まったが、これほど高い実施率は全国でも珍しいという。その由来をたどると一五〇年前、維新動乱の渦中の隠岐騒動に行き着く。

慶応四（一八六八）年三月一九日、幕府領の隠岐を預かって支配する親藩松江藩に対し、島民三千人余が決起した。藩の郡代を追放して樹立した自治政府は八〇日間続いた。後に隠岐コミューンとも呼ばれる。

幕末の隠岐は、黒船が寄港する対外危機の最前線だった。武士だけで国境の島は守れず、松江藩は文久三（一八六三）年に農兵の養成を始める。ロシア艦の対馬占拠事件もあり、農民の武装化は攘夷に傾く時代の要請でもあった。

隠岐は離島でも海を介して人や情報が行き交う。孝明、明治天皇の侍講だった儒学者中沼了三も島後の出身である。京都に出て中沼の教えに接した庄屋や神職が尊王攘夷思想を島で広めた。武芸に目覚めた島民は、中心部の西郷の陣屋に詰める藩士の緊張感の薄さに不満を募らせる。

島民有志が海防強化へ文武館の設置を松江藩に嘆願したのは慶応三（一八六七）年のことである。幕長戦争を経て国内は内乱含みの時代を迎えていた。幕府軍を破って石見（島根県西部）を占領中の長州軍への対応に頭を悩ます藩は、島民の嘆願を取り合わなかった。

それどころか武芸差し止めを申し渡した。農兵の蜂起を恐れたのである。「百姓は年貢の勘定をすればよい」と藩士が嘆願の庄屋を扇子で打つ事件も起きた。

慶応四（一八六八）年に時代は大きく動く。正月の鳥羽伏見の戦いを制した新政府軍は山陰道鎮《ちん》撫《ぶ》使《し》を差し向けた。鎮撫使が二月末、隠岐公文（庄屋）あてに出した文書に、隠岐国は「朝廷御領」とあった。

その文書を松江藩士が無断開封した。庄屋無視で朝廷侮辱の暴挙だとして怒りが島に渦巻く。「天朝御領なら松江藩は退去を」と郡代追放の運動に発展した。

三月一五日、全島庄屋大会で意見は割れた。重い年貢に苦しむ農山村部は郡代追放を唱えて正義党を名乗り、商いで栄える西郷に多い慎重派は出雲党と呼ばれた。正義党内で激論を続け、一八日に決起を決めて四方に檄《げき》を飛ばした。

三千人が決起し郡代追放

一九日朝、武装して集まった三千人余は全戸から男が一人ずつ加わったほどの数。天皇による王

隠岐騒動勃発地の碑。この地にあった松江藩の陣屋を武装した島民が取り囲んだ（島根県隠岐の島町）

土王民治世への「御一新」に寄せる世直しの期待が農民を動かした。四代前の宮司が隠岐騒動の総指揮役だった忌部さんは「百姓一揆と独立運動が両輪となった決起」とみる。

新政府は一月初めに年貢半減令を出し、農民は歓喜した。財政的に立ちゆかぬことを悟り月末に取り消すが、年貢半減待望論は独り歩きした。同じように夢を語って蜂起をあおる動きが隠岐でもあったことだろう。

島民が設立した政府は、長老からなる立法府の会議所、行政府としての総会所、司法府の目付け役と三権分立だった。庄屋層が民衆の意見をくみ上げて運営する画期的な自治の仕組みである。

自治政府は島前《どうぜん》の庄屋にも代官追放を呼び掛けたが、不調に終わる。京都では隠岐独立のお墨付きを得ようとしたが、新政府の太政官は四月一三日に隠岐取締令を松江藩に出した。

戊辰戦争の財源を得るため、松江藩の献金と引き換えに隠岐支配を認めた疑いが強い。自治政府も巻き返して鳥取、長州藩が隠岐支配に介添えするとの追加決定を慶応四（一八六八）年閏《うるう》四月（旧暦でこの年は四月が二回ある）に得たが、遅きに失した。

松江藩は三〇〇余の軍勢を西郷に上陸させ、陣屋の明け渡しを迫った。五月一〇日、藩兵が発砲し銃弾の雨を降らせた。自治政府側は一発も撃たず、一四人が死亡した。

松江藩の武力制圧は薩長両藩や新政府に糾弾された。やがて隠岐は一時的に鳥取藩管轄となる。遺恨くすぶる翌明治二（一八六九）年四月、隠岐県の初代知県事に久留米の神社出身者が就任し、仏教弾圧に乗り出した。神職たちが隠岐騒動を担ったのに対し、戸籍管理の寺請制度で藩権力に組み込まれた寺は大方が出雲党だった。

廃仏毀釈で壊された石仏（島根県隠岐の島町、隠岐国分寺）

武力制圧後に廃仏毀釈の嵐

火に油を注ぐように廃仏毀釈《きしゃく》の嵐が吹き荒れる。寺は破壊され尽くし、仏像や仏具は捨てられ、路傍の石仏も首を落とされた。新政府に裏切られ、自治の夢が無残に砕かれたことへの怨念が、いびつな形で噴き出したのである。

島から寺がなくなり、出雲大社教を導入して葬儀をした。在来の神職も葬祭方法を学び、島内すべて神葬祭となった。ほとぼりが冷めるのを待って寺も徐々に復興したが、元の勢いは取り戻せない。こうして隠岐島後では一五〇年前の事件が人生最期の儀式に今も影を落としているのである。

島を割った末に圧殺された決起の記憶を語るのは半ばタブーだった。県議の吉田雅紀さん（五九）の祖先は松江藩に銃殺され、家族は名字を替えて残党狩りから逃れた。名誉が回復されても、祖父母から「お上は信用ならん。言うことが変わるから」と聞かされて育った。

評論家の松本健一氏が一九九四年に『隠岐島コミューン伝説』を著した。この年から隠岐学セミナーが連続開催され、パリコミューンに先立つこと三年の「世界初の自治政府」として評価の光を当てられる。維新に世直しを託した民衆の栄光と挫折がそこに凝縮されていることを島民自らが再認識する機会となった。

隠岐学セミナーを衣替えした「おきゼミ」で島の歴史を学び、次世代に伝える会がある。二〇一八年は隠岐騒動の漫画（八ページ）をつくり、「隠岐を良くしようと三千人が決起したことを知ってほしい」（小室賢治事務局長）と願う。

吉田さんは二〇一八年六月にあった隠岐騒動殉難者の合同慰霊祭で正義党の檄文を読み上げた。中央に翻弄され続ける辺境の宿命打破に向け、「海から世界に通じる独立国の気概を先人に学ぶとき」との思いを込めた。

「義挙」として語られるようになった隠岐騒動だが、光があれば影もある。寺院の側は、隠岐コミューンともてはやされることへの違和感をぬぐえない。檀家が自宅に隠しておいた本尊を安置して明治一〇年代に再建した寺の住職は「人様の信仰を破壊し尽くした点では暴動と一緒ではないか」と古傷を今も引きずっている。

維新の底流で絡み合う政治と宗教をめぐる葛藤が島ぐるみのスケールで噴き出したのが隠岐騒動

ともいえよう。一皮むくとその断面はまだ生々しく、決して昔話ではない。

隊中様になった反乱兵　勝者の中の敗者

山口大学のある山口市平川から南方の鋳銭司《すぜんじ》に抜ける山道を小一時間ほど登ると、林間に墓碑が見えてきた。地元の住民がお参りを続けてきた「隊中様《たいちゅうさま》」である。戊辰戦争後にご用済みとされた民衆兵たちによる反乱に加わった一兵士を祭っている。

＊

討伐の無念思い追悼今も

一兵士は藤山佐熊《すけくま》と言い、島根県境に近い同市阿東嘉年《あとうかね》の農家出身だった。長州藩諸隊の一つ振武隊《しんぶたい》に入り、越後や東北の激戦地から生還する。戦が終わると藩は兵制改革に乗り出し、余剰の兵員に解散を命じた。除隊になった兵士の多くは農家の次、三男で、帰郷しても耕せる田畑はない。銃を手に脱走して藩政府に要求を突き付けた結果、武力討伐された。

藤山も明治三（一八七〇）年二月九日、山中で二二歳の生涯を閉じた。その墓は「隊中様」と呼ばれ、そこに参ると病気が治り、願いがかなうとの俗信が広まった。木の鳥居が立ち、紙のぼりも掲げられ、やがて門前に市をなすほど物売りの店が出てにぎわう。賊軍の墓への信仰の拡大を恐れた山口

林間で営まれた隊中様の祭礼。討伐された藤山佐熊の墓前で神職が祝詞を上げた（山口市平川の鎧ケ峠）

県庁は、鳥居や紙のぼりを取り除き、参詣禁止の立て札を建てた。

明治六（一八七三）年、「山口県新聞」は創刊号の記事に取り上げている。「愚民どもが商売のためにありもしないことを広めている。無益な財貨や徒労を費やすことのないように」と諭し、県庁の意を体した内容である。それでも参詣はやまず、いつしか民衆の神となった。

記事から一四五年たった祭礼日の四月九日、木漏れ日の下で神職が祝詞《のりと》を上げた。墓前には地元平川の小出地区や藤山の故郷阿東の人々ら五〇人余り。賊として討たれた藤山を悼み、野山や刑場の露と消えた名も知れぬ若者たちの無念にも思いをはせた。

長州藩では武士に農民や町民も加わる奇兵隊を高杉晋作が結成し、諸隊と総称される混成部隊が次々に生まれた（「悲運の奇兵隊総督」参照）。

諸隊は封建の主従関係に縛られない実力本位の軍隊だった。そうした横軸型の組織は、兵が自らの判断で散

遊撃軍行進の図（部分）。慶応元年ごろに描かれたとみられる（山口県岩国市周東町、正蓮寺蔵）

らばって行動する近代の銃撃戦に適しており、藩軍の主力となる。

隊員の半分以上が農町民。その多くは後継ぎではない自由の身だったが、武士へのあこがれと同時に農民の立場もわきまえていた。内戦前に隊中に回した「諭《ゆ》示《じ》」には、「農事を妨げず、牛馬に出会えば道を譲れ」とある。

常に農民側に立つ軍隊であろうとしたことの延長線上に隊中様信仰があるのだろう。「賊とされても同じ民衆として共感できるものがあったから、今も地元でお祭りが続く」（幕末維新史研究家の樹下明紀さん）との見方はうなずける。

諸隊は学校でもあった。兵士は一般教養の座学や銃砲の訓練に明け暮れ、西洋の戦闘術も貪欲に吸収した。農民兵たちも帯刀を許され、封建身分制からの解放を願う気持ちが精進の原動力となった。

吉田松陰門下の吉田稔磨《としまろ》は、被差別部落の人たちを兵士に登用する「屠《と》勇《ゆう》取《とり》立《たて》」を提案して藩に採用された。慶応二（一八六六）年の幕長戦争で具体化する。

諸隊の遊撃軍が本拠を高森（山口県岩国市周東町）に置いたことがきっかけとなり、被差別部落の人たちが維新団という別の諸隊を結成した。遊撃軍の協力を得て、維新団の隊員は短期間で銃撃戦の猛訓練を積む。芸州口の戦では常に前面に出て、その目覚ましい戦いぶりは友軍を驚かすほどだった。「解放を求めるエネルギーの爆発」と周東町史は記す。

横軸結集の隊にも縦軸的差別

横軸結集が強みの諸隊にも、縦軸的な差別はあった。下級武士中心でも侍身分の士官と農町民の兵士とのあつれきが時に激化した。

石城山《いわきさん》（山口県光市）に本拠を置いた第二奇兵隊では、対立が脱隊騒動に発展した。幕長戦争の直前に百数十人の隊員が船で倉敷へ逃げて代官所を襲撃。鎮圧されて斬首処分となった四五人の大半は農民出身だった。

そんなあつれきがピークに達するのは戊辰戦争後である。東北や北越、北海道から約五千人の兵士が長州に凱旋《がいせん》した。戦が終われば不要な兵力で、財政上の負担になる。山口藩は明治二（一八六九）年一一月、諸隊から常備兵二二五〇人を「精選」する兵制改革に乗り出した。

農家の次、三男は郷里に帰っても食える当てはない。精選の実務を担った諸隊幹部は同じ武士出身の兵士を主に選び、怨嗟《えんさ》の的となる。遊撃軍の兵士たちは幹部の不正や堕落を批判し、善処を藩に求めた。積年の差別的な扱いへの不満が噴き出したのである。

精選から漏れ、帰郷を命じられた兵士たちは宮市（防府市）に集結する。横軸的な脱隊兵集団は二千人近くにまで膨らんだ。一八カ所に砲台を築くなど臨戦態勢を整え、藩庁や諸隊の幹部更迭、病兵や戦傷者の救済などを求めた。藩側も要求の一部をのんで収拾を図ろうとした。

ところが藩内各地で農民の一揆が同時に起きる。維新後も貢租を緩めない新政府に失望した農民は諸隊の反乱に同情的だった。藩は両者の共闘を何よりも恐れた。そして明治三（一八七〇）年一月末、脱隊兵たちは山口の藩庁を包囲して糧道を断つ強硬策に出る。

山口に帰った木戸孝允ら新政府要人と藩は武力討伐を決意した。常備軍や支藩兵を山口に進め、二月八日夜から一〇日にかけて鎮圧。戦死者は脱隊兵側が約六〇人、藩側約二〇人だった。

鎮圧後に一三〇人余が死罪となる。苛烈を極めた処分はみせしめでもあった。諸隊兵が為政者を脅かすことを「尾大《びだい》の弊《へい》」と木戸は呼んだ。軍事力を持つだけでなく、「あるべき国」への思いも抱いて帰還した諸隊兵士たちが新たな政治勢力になることを新政府の要人は嫌ったのである。

こうして、民衆を動員して維新の勝者となったはずの長州に深い傷痕が残った。

復権の法廷闘争四〇年後まで

自ら考えて戦うことを学んだ脱隊兵たちは、その後も復権の闘いに挑む。反乱に加わり没収された戊辰戦争の章典の回復を求める法廷闘争を明治四三（一九一〇）年まで繰り広げ、全て敗訴した。命懸けで戦った誇りがあった。「尾大」と呼ばれても引き下がることはできなかったのである。

隊中様は藤山だけではない。山口市徳地で処刑された地元兵士たちを追悼する隊中様の供養祭が一一月に、阿東ではゆかりの地の代表による隊中様サミットが計画されている。勝者の中の敗者の存在がとりわけ胸に響く維新一五〇年である。

鎮圧された松陰的精神　萩の乱と前原一誠

島根県出雲市大社町の宇龍は島根半島西端にある天然の良港である。第一回全国前原一誠サミットと題する集まりが二〇一八年六月末、この地であった。萩の乱に敗れて宇龍港で逮捕された前原一党の子孫も含め約一〇〇人の参加者が港の一帯を巡った。

＊

捕縛の地に不運悼む碑

明治九（一八七六）年一一月三日、しけを避け小船が身を寄せた。船中には萩の乱に敗れた元参議の前原一誠と配下六人。大騒動となるが、ほどなく官憲に捕まって船宿に一泊し、松江を経て萩に護送された。前原らは死罪となる。従容とした態度に接した宇龍の人々は前原に同情し、後に憂国の士の不運を悼む碑も建てた。

横浜からサミットに参加した公務員の横山幸俊さん（五一）は、先祖が捕縛された往事のままの寺を目の当たりにした。萩（山口県萩市）の大区長として乱に加わり二七歳で死罪になった四代前の横山俊彦の名の一字を引き継ぐ。「歴史上のてんまつは仕方ないとしても感慨深い」と語った。

長州藩士の家に生まれた前原は二四歳で松下村塾に入る。「勇あり智《ち》あり、誠実人に過ぐ」と師の吉田松陰に評された。幕長戦争の小倉口で高杉晋作と共に戦い、戊辰戦争の北越戦線では藩士隊を率いた。戦後は越後府判事として民政を担う。

新潟では年貢半減令を出した。国家財政を預かる大隈重信に言わせれば、国全体を見渡さない儒教的な仁政にすぎない。だが一途な前原は水害と戦に泣いた目の前の農民を放っておけなかった。洪水防止に向け巨費を投じて信濃川の分水事業に乗り出そうとするに及んで、政府首脳は待ったをかけた。参議という中央の高位に就けることで前原を新潟から引き離したのである。明治二（一八六九）年九月のことだった。

病気もあって前原は任を持て余した。その三か月後、今度は襲撃されて死亡した大村益次郎に代わる兵部大輔に就く。

篤実で封建秩序を重んじる前原は、新時代を展望して国民徴兵制を目指す長州閥リーダー木戸孝允とそりが合わない。薩摩の大久保利通も武士特権を奪う徴兵制を阻止し、国元の保守派をなだめたかった。前原起用は大久保による木戸封じ人事の色合いが濃い。

政治的な立ち回りが苦手な前原は兵部省でも孤立した。山口で御親兵選抜から漏れた諸隊兵の反乱が起きると、帰国を願い出て許可される。ところがすぐに東京にとどまれとの命令が出た。

藩士隊の動向が微妙で、鎮めるどころか火を油に注ぐと警戒されたとの説があるが、木戸たち長州閥の主流派は前原に口出しさせたくなかったのが真相ではなかろうか。いずれにしても反乱を武力鎮圧した木戸との対立が一層深まった。その後も職務を休みがちな前原は辞任し、明治三（一八七〇）年一二月に萩に帰った。

武士解体に不満のマグマ

翌年の廃藩置県で士族は失業し、脱刀令や徴兵令と武士解体へ追い打ちが掛かる。家禄は国から出たが、これも五年後に全廃されることになるという。命がけで倒幕、王政復古を遂げた結果がこれか――。維新勝ち組の萩士族の間に不満のマグマがたまっていった。

前原が反乱の首魁になっては困る、と中央から復職の働き掛けが続くが、本人は動かない。越後府権判事として佐渡を治めて萩に帰郷し、萩の乱で副将格となる奥平謙輔らと交流を深めた。

明治六（一八七三）年、士族が求める征韓を主張して政府内論争に敗れた西郷隆盛ら五参議が下野した。その一人の江藤新平は翌年、国元で佐賀の乱を起こして鎮圧された。

西郷が鹿児島に私学校を創設したように、萩には読書場ができて若者たちが前原を囲んだ。前原たちは熊本の神風連や秋月の反政府士族らと連携し、蜂起の連鎖による政府転覆に狙いを定める。

明治九（一八七六）年一月、西郷の密使を名乗る者から共闘の密書がもたらされ、前原は歓喜した。横山を西郷の下へ派遣したところ、政府側スパイと分かる。萩で反前原勢力を率いる諫早基清も木戸と通じており、策謀は筒抜けだった。

一〇月二四日に熊本で神風連の乱が起きた。二六日には福岡で秋月の乱。前原たち萩士族も二七日、旧藩校明倫館（萩市）に集まり殉国軍を名乗った。翌日には百数十人規模となるが、熊本と秋月の反乱は既に鎮圧されていた。

前原らは防備の堅い県都山口への進撃を諦めて山陰道を東進し、島根県境に近い須佐で同志三〇〇人を集めた。船で浜田（島根県浜田市）へ向かうが荒天で引き返し、諫早党による明倫館占拠を知る。急きょ萩へ戻ったのが三一日。頼みの煙硝（火薬）は明倫館の水練池に投げ込まれていた。

前原はこの後、奥平ら幹部を伴い再び東上の船に乗る。天皇に諫奏し君側の奸《かん》を除こうとのもくろみは風波に阻まれた。残された前原党の若者は萩市街で奮戦したが、煙硝不足もたたり政府軍の銃弾に次々と倒された。

乱には吉田松陰の縁者も加わった。おいで跡継ぎの吉田小太郎一九歳、松陰を厳しく教育した叔父玉木文之進の義子にして乃木希典の弟の玉木正誼《まさよし》二四歳はともに戦死。その後を追うように文之進六七歳は「萩の正気すでに尽きたり」と嘆じ、祖先の墓前で切腹して果てた。

文之進はまだ髷《まげ》を結ったままだった。攘夷を忘れ、西洋かぶれの開化路線に突き進む国の姿は正気のさたと思えなかったのだろうか。

「忠義をする」師の後追う

「僕は忠義をするつもり。諸友は功業をなすつもり」という松陰の言葉がある。前原は決起理由の一つに政府首脳の汚職を挙げ、辞世には松陰の詩句を引用した。論理や打算よりもひたむきな行動で死地に赴いた師に続こうとしたように見える。松陰的精神が鎮圧された萩の乱でもあった。

すでに四民平等、国民皆兵の世になっていた。武士による忠義の実現は歴史の歯車を逆に回すよ

前原一誠の敵対勢力が火薬を投げ込んだ旧萩藩校明倫館の水練池。萩では煙硝池と呼び習わされる（山口県萩市江向）

うな行為だった。翌明治一〇（一八七七）年の西南戦争で武士の時代に終止符が打たれる。

時流は往々にして逆巻くこともある。反乱士族が敗れ去った後の明治一一（一八七八）年、西南戦争の恩賞への不満から近衛砲兵隊員が天皇への直訴を企てる反乱事件（竹橋事件）が起き、政府中枢に衝撃を与えた。西洋思想の影響を受けて言論で政府に立ち向かう自由民権運動の火も燃え盛る。すると今度はそれらを抑え込むために為政者側は、開化路線の中で軽んじられてきた儒教の見直しを始めた。まず儒教の徳目を盛り込んだ軍人勅諭を明治一五（一八八二）年に公布し、やがて教育へと広げていく。

松陰にも再び光が当たり、墓がある東京都世田谷区に明治一五年、松陰神社が創建された。ただ、萩では乱の記憶がまだ生々しすぎた。

松下村塾わきに土蔵のほこらができたのは明治二三（一八九〇）年。儒教の忠孝思想を取り入れた教育勅語発布の年である。前年の大赦令で前原の賊名が除かれ、松陰に正四位が追贈されていた。萩の松陰神社創建はさらに明治四〇（一九〇七）年まで待たねばならない。藩消失で街の活力が失われ新政への失望が広がっていた萩で、前原一党に加担したのは士族だけではなかった。乱鎮圧後は恐怖が支配し、皆うつむいて口を閉ざしたという。

前原一四〇年祭が二〇一六年に催された萩市椿東の松陰神社は今も大勢の観光客でにぎわう。同市土原の前原の墓地は静まりかえり、人々は萩の乱を忘れ去ったかのようだ。明倫館の水練池を「煙硝池」と呼ぶときだけ、記憶の古層から共感の残り香を立ちのぼらせる。

第四章

近代の原風景

明治維新から日清、日露戦争を経て非西洋世界で唯一の列強となった日本を近代化の手本とする見方がアジア諸国にあった。西洋の圧倒的な力を思い知った危機感をばねに、先進の産業技術を素早く取り入れ、富国強兵を成し遂げたサクセスストーリーである。

その一方で、自国を守るだけでなく周辺国を次々に侵略した末におびただしい犠牲を払って敗戦を迎えた負の歴史はいまだに尾を引く。近代がもたらしたさまざまなシステムに限界が見え始めてきた今、近代化の入り口で何が起きたかを、あらためてこの章でたどってみたい。

求心点を天皇に置いたことが中央集権的な近代国家の速やかな建設を可能にし、それを支えたのが尊王（勤王）思想教育である。頼山陽の著作の一部が政治利用され、反骨精神に富む自由人の山陽が勤王の大家として顕彰されていく過程を見ていくと、近代化のいびつな側面が浮かび上がる。

民主的な改革に見える四民平等は、国民徴兵制の導入という軍事的な要請にこたえるためだった。西洋式の軍制改革で武士解体に乗り出し、その先鞭をつけたのが長州藩の大村益次郎である。

王政復古から鳥羽伏見の戦いは、天皇権威の争奪戦でもあった。官軍と朝敵を峻別する「錦の御旗」による劇的な勝利は天皇制国家の原風景となる。ただ民衆にとって天皇はまだ見知らぬ存在であり、廃藩というドラスチックな改革に対し新政に反対する一揆が各地で起きた。新政府は西洋文明をまとった天皇の存在を国民に広く知らせるための巡幸を始める。

文明開化により勢いづいた自由民権運動は政府の強権で抑え込まれ、国家神道を国民に浸透させせながら軍事力による膨張主義が台頭した。隣国への武力行使とその後の戦争の連続は、形を変えた尊王攘夷の実現のようでもあった。

変遷する勤王　頼山陽という鏡

ビルの谷間の緑陰に簡素な建物の離れがある。広島市中区袋町の頼山陽史跡資料館の一角。幕末に空前のベストセラーとなった『日本外史』はこの部屋から生まれた。

＊

カリスマから忘却への落差

文人と呼ぶのが最もふさわしい頼山陽（一七八〇～一八三二年）が武家の歴史をたどった書物である。幕末の志士を鼓舞し、倒幕から維新へ向かう運動の種火にもなった。ところが、この書は勤王の武将をたたえていても、幕府を批判した記述はない。

山陽は後に勤王の大家と仰がれたが、実像は異なる。山陽史観の結晶ともいえる遺作『日本政記』では、特定の天皇の悪政を厳しく批判した。人民のために天皇があるという考え方は後の天皇機関説に近い。

山陽なき後、著作はそれぞれの時代を反映するような読まれ方をしてきた。山陽自身もカリスマとなったり、忘れ去られたり、評価の落差が激しい。まるで幕末から近代にかけての時代を映し出す鏡のようである。

父の頼春水は、広島藩の高名な儒学者だった。世襲が当然の時代に、山陽は敷かれたレールに乗

幽閉された頼山陽が『日本外史』の草稿をまとめた頼山陽居室。原爆被爆時に焼失し、1958年に復元された（広島市中区袋町）

ることを嫌った。妻帯しても夜遊びはやまず二一歳で出奔し、京都から連れ戻された。

脱藩は重罪で、離れに幽閉されて廃嫡の烙印を押された。跡継ぎから解放された山陽は少年時代の夢だった日本史を自分なりにまとめる作業に没頭する。日本外史の草稿が足かけ五年がかりでまとまった。

自著が歴史に残ることを山陽は切望した。菅茶山が主宰する神辺（広島県福山市神辺町）の廉塾講師を経て京都に移ってからも筆を入れ、完成は文政九（一八二六）年で四七歳の時。漢文体だが、山あり谷ありで朗唱に向く名文との評価が高い。

ロシアが南下し、欧米の捕鯨船も日本の沖に押し寄せて来たころである。鎖国の門をこじ開けようとする外からの脅威は、内なる価値に目を向けるきっかけとなる。徳川光圀監修の「大日本史」は大部で読みにくく、時代は分かりやすい日本の通史を求めていた。

歴史観が問われる国史づくりの最大の難関は、幕府の言論統制だった。父春水も若いころに挑んで挫折している。藩を離れた自由な立場となって日本外史を完成させた山陽は、元老中首座の松平定信に完成稿を見てもらった。定信は感服し、「穏当にして中道を保っている」との推薦文を寄せてくれた。文政一一（一八二八）年のこと。ペリー来航前で、幕藩体制はまだ安定していた。

本格出版は山陽が没した天保三（一八三二）年から一二年の後である。川越藩（現埼玉県）が最初は藩士向けに板刻し、やがて藩を財政危機から救うほど爆発的に売れた。

尊攘、反幕派が楠氏編愛読

その日本外史の中で最も愛読されたのが楠氏編である。後醍醐天皇を助けて鎌倉幕府、後に足利尊氏と戦い、壮絶な自決を遂げた楠木正成を「勤王の功は第一」とたたえ、尊氏を逆賊とした。

幕府が安政五（一八五八）年、朝廷の勅許を得ずに西洋列強と通商条約を結ぶと、日本外史は時局に連動して読まれるようになった。朝廷の意向を無視した幕府を足利氏に重ね、尊王攘夷と反幕の炎が燃え盛る。文久三（一八六三）年に徳川家茂《いえもち》が将軍として二二九年ぶりに上洛する直前、京都の等持院にある尊氏ら足利将軍三代の木像の首が斬られて三条河原にさらされる事件も起きた。徳川家天誅の脅しだった。

山陽の文章はドラマチックな筆致の中に冷徹な評論家の目が光り、読む人によってさまざまな解釈ができるような含みも感じさせる。このため『日本外史』の徳川氏編の最後に「その盛を極む」と評したことが幕府の衰退を予言したとか、過去の善政をほめたことが幕政への当てつけと読まれたりもした。行間や紙背に奥行きがあったからと言うべきだろうか。

明治に入ってからも、山陽は日本を代表する文人であり続ける。天皇を中心にした国家づくりに、その著述の都合の良い部分が活用された。その代表的な例が、教科書に掲載された『日本外史』の楠氏編。正成が子の政行に「身をもって国に殉じ、死あって他なかれ」と諭して別れる場面である。満州事変が勃発した昭和六（一九三一）年には山陽の没後一〇〇年祭が催され、山陽の顕彰活動はさらに盛り上がる。これを機に、勤王論の権威としての評価にさらに拍車が掛かった。

広島市では、昭和九（一九三四）年に頼家墓地の隣（南区比治山町）に山陽文徳殿、翌年には山陽居室そばに山陽記念館が建った。

頼山陽を顕彰する山陽文徳殿。中に山陽の銅像があり、被爆建物でもある（広島市南区比治山町）

文徳殿は、内部に本尊として銅像が置かれた「山陽先生の尊霊を礼拝する聖堂」である。当初は頼山陽廟との名称案だったが、言論界の大御所だった徳富蘇峰の助言で「文徳の人」という意味を込めて命名された。広島市の昭和産業博覧会の剰余金に加え市内の小中学生の募金を建設費に充てた。

この時期、蘇峰は「建国の古にかえりて国体の精華を発揚した」と山陽を称えた。実現はしなかったが、昭和一七（一九四二）年には山陽神社を建設する会が広島県知事の音頭でつくられた。

しかし、勤王一辺倒のイメージは山陽の実像とはかけ離れていた。日本政記で山陽は「天が人君を立てるのは人民を安らかにするためで、人君に享楽をむさぼらすためではない」と説いた。そして「愚かなる人君は、自分のために人民があると考えている」とも述べ、そのような人民を不幸にする天皇を廃すこともやむなしとした。

例えば僧玄昉の専横を放置した聖武天皇を「人君の器量がない」と指弾している。筆誅は聖徳太子にも及ぶ。蘇我馬子に寄りかかって堂塔伽藍を造営して人民の膏血《こうけつ》を絞り取ったとし、それを「皇室衰退の発端」と批判した。

政府利用へ削除や改ざん

反骨精神に富んだ自由人山陽をほうふつとさせるが、歯に衣着《きぬ》せぬ記述は戦時色が強まるにつれ、大幅に削除か改ざんされた。政治利用のために山陽像の読み替えが必要だったわけである。

そのころ現実政治の世界も大きく振れた。明治憲法下で「統治権は法人としての国家にあり、天皇はその最高機関」とする天皇機関説が昭和一〇（一九三五）年、国体への謀反として糾弾される。皇国史観が強化され、軍国主義になだれ込む転機となった。

敗戦そして戦後になると、手のひらを反したように頼山陽は顧みられなくなる。それでも記念館は被爆を経て史跡資料館に建て替えられた。一方、爆風による損傷跡をとどめる文徳殿は長い間、施錠されたままになっている。

市街地を見下ろす比治山公園の整備を目指す広島市は、文徳殿の利用再開を検討している。被爆建物の見学場所としての整備を考えているようだが、文徳殿の成り立ちについての説明は欠かせないだろう。

小説「頼山陽」で天才的文人の生涯を等身大に近づけて描いた作家の見延典子さん（広島市）は「頼山陽がどうして戦争の中に巻き込まれていったのか、被爆建物になる前の歴史を分かるようにしてほしい」と望む。

頼山陽に対する評価の変遷をたどることは、我が国の近代化のつまずきを自省する営みにもなるだろう。どのような山陽像を映し出すのか、私たちの時代が問われている。

武士に引導を渡した男　大村益次郎

靖国神社（東京都千代田区九段北）の参道に大村益次郎の銅像がある。近代軍の創設者をたたえる像は高さ一二・六メートル。そびえ立つという表現がふさわしく、下から仰いでも顔は見えない。

＊

洋書翻訳し兵学専門家に

戦没者を英霊としてまつる靖国神社は大村選定の地にある。大村が設計した洋式軍隊は日清、日露の戦争を経て無敵皇軍と呼ばれ、神社の存在感も増した。昭和の大戦では「靖国で会おう」と言い交わして若者たちが死地へ赴いた。

靖国神社参道にそびえ立つ大村益次郎の銅像。明治26（1893）年に建立された（東京都千代田区九段北）

そんな靖国という場から大村の像は少し浮いて見える。高さのせいだけではない。洋学仕込みの合理主義者で戦の犠牲を最小限にするように努めた大村から、戦死を賛美するような発想は生まれてこない気がするからである。

大村は文政八（一八二五）年、鋳銭司（山口市）の医者の家に生まれた。日田の咸宜園を経て入門した大坂の適塾では蘭学を猛勉強して塾頭になる。嘉永三（一八五〇）年、二六歳で帰郷して家業の村医者となるが、学問を生かせずうつうつとした日々を送る。二九歳で一念発起して嘉永六（一八五三）年、宇和島藩に蘭書《らんしょ》翻訳者として雇われた。

大村にとって洋学は道具だった。宇和島では翻訳にとどまらず、砲台作りから蒸気船の建造にまで携わる。藩主に伴って江戸に出て私塾を開き、幕府の蕃書調所《ばんしょしらべしょ》にも勤めた。やがて時代が求めていたオランダ兵学書の翻訳に打ち込み、自らも西洋兵学の専門家となった。合理的な考え方を尊んだ大村だが、西洋かぶれとは異なり生涯和服で通したことで知られる。

そんな西洋兵学への精通ぶりを木戸孝允に見込まれ、郷里の長州藩に移る。文久三（一八六三）年秋、江戸を引き払って山口の藩庁に勤め始めた。

長州藩はどん底の時代だった。攘夷

に走って京都から追放され、元治元（一八六四）年七月には宮中への発砲で朝敵になる。八月には下関戦争で四カ国連合艦隊に惨敗した（「七卿落ちの絵」「攘夷の舞台裏」参照）。

列強と戦う無謀さを大村は事前に説いたが、陸上での銃撃戦は数々の教訓を残した。連合軍は、弾を回転させてより遠く正確に飛ばす新式銃で長州勢を圧倒した。個々の兵が散開して攻めてきて、的を絞らせなかった。

西洋でも傭兵中心の時代は兵が逃げ出さないよう集団で戦った。転機はアメリカ独立戦争だった。自らの意思で戦う兵士たちは建物や樹木の陰に隠れ個々が自在に活動した。その散兵戦術をナポレオンが採用して成功する。

従者切り離して銃隊に

関ケ原の戦いから時間が止まったままの日本では、騎馬武者が槍持ちの従者を伴う戦闘形がまだ主流だった。近代の銃撃戦に従者は要らない。すべての兵が同じように銃を取って戦う西洋型軍隊を編成するには、封建的な武士団を解体する必要があった。

下関戦争に敗れた後、第一次長州征討軍に謝罪した長州藩では、諸隊による藩内クーデターで抗幕体制に転じ（「悲運の奇兵隊総督」参照）、これで大村の出番が来た。

木戸の後押しで慶応元（一八六五）年五月、大村は軍制改革の責任者となる。幕府の第二次長州征討が迫る中、諸隊に加え農商兵を新たに募集して訓練させた。特筆すべきは家臣団に手を付けたことである。従者を主人から切り離して藩の管理下に置き、銃隊に組み入れたのである。武士のプライドを踏みにじる大改革だった。幕府軍の外圧を背に、庶民出身の大村だから断行できたと言えよう。

オランダの兵学本を自らが翻訳した『兵家須知戦闘術門』を教科書に、小隊の指揮ができる士官を四カ月で養成した。散兵戦術や民心を得る都市での戦い方など実戦のノウハウをたたき込んだ。併せて、弾を回転させて発射するミニエー銃を大量に買い付ける。直前に結んだ薩長盟約を最大限生かし、薩摩藩名義で買うなどした。

諸藩連合の幕府軍は戦意に欠け、動きも鈍かった。開戦が慶応二（一八六六）年六月にずれ込んだ分、兵を養成する大村たちの持ち時間が増えた。芸州、石州、小倉、大島の四国境で幕府軍を迎え撃つ幕長戦争を、長州では四境戦争と呼ぶ。大村は全体の戦略を立て、石州口を指揮した。

益田（島根県益田市）の戦いでは、川を挟んだ万福寺に立てこもる浜田、福山藩兵と銃撃戦を繰り広げた。長州のミニエー銃は寺の本堂に穴を開けるが、相手の旧式銃の弾は届かなかった。長州の別動隊が寺の裏山に登って弾を打ち下ろすと、敵兵は一気に敗走した。

大村は、敵の逃げ道を作戦図に書いている。肉弾戦を避けて余計な犠牲を出さない戦法。戦火で油屋が炎上すると、一時休戦して兵を消火に当たらせるなど民心をつかむ努力も忘れていなかった。

散兵戦術は敵の度肝を抜いた。福山兵は「物陰から一発撃って場所を変え、猿のように動いて攻撃してくる」、浜田兵は「槍持ち、旗馬もなく、黒装束で賊のような卑しい戦い」と書いている。

益田の戦いの舞台となった万福寺付近。寺に立てこもった浜田、福山藩兵を長州藩兵が手前の岸から銃撃した（島根県益田市東町）

しかし、士農商混成の兵士たちの自発性を引き出す西洋式戦法は、人数で勝る武士集団を次々に打ち破った。洋書翻訳の知識に基づく軍師大村の声望は実戦を通じて不動のものになる。長州は大島口、小倉口でも勝ち、芸州口でも幕府兵を広島に撤兵させた。大坂にいた将軍徳川家茂《いえもち》の死去を受け、九月に厳島で休戦講和となった。

長州の勝因として、兵士の質の違いもあったようだ。勉強しても指揮官になれない幕府軍と、指揮官になろうと猛訓練を積む長州軍。「近代国家を目指す軍と封建身分制の軍の違いが勝負を分けた」（広島大の三宅紹宣名誉教授）との見方である。

その後の戊辰戦争。大村は上野の彰義隊攻撃を指揮し、一日で片を付けた。石州口の戦いと同じように敵方の敗走路を開けておき、市中類焼を避けるため過去の大火まで研究した。

維新後は国民徴兵制による常備軍の設置を主張した。武士の軍隊にこだわる薩摩藩出身の大久保利通とことごとく対立し、なかなか意見は通らない。それでも大村は明治二（一八六九）年七月に初代の兵部省大輔に就任すると、大阪に兵学寮を開設してフランス式の士官養成を始めた。将来の諸外国との対立も見込み、国民徴兵制の導入を目指す軍制改革の既成事実づくりでもあった。

四民平等 内実は軍事的要請

大村の徴兵制構想は、武士の解体にほかならない。全員が等しく鉄砲を持って戦う軍隊をつくるためには、四民平等の実現が必要になってくる。その建軍構想は士族の激しい反発を呼んだ。明治二（一八六九）年九月、関西の軍事拠点化を進めていた大村は京都で襲撃される。傷口からの敗血症で四六年の生涯を閉じた。

その後の明治四（一八七一）年、士農工商の身分制度を撤廃する布告が出された。曲折はあったものの長州の後輩の山県有朋により明治六（一八七三）年、国民皆兵による徴兵令が公布された。士農工商の別なく成人男子を対象に徴兵検査と抽選で陸海軍の兵員確保が始まった。金銭支払いによる免役条項があり、実際には経済困窮層の次男以下が中心となった。

維新後改革の中でも民主的な色合いが強い四民平等だが、導入の内実は軍事的な要請が大きかったことが分かる。

明治一〇（一八七七）年の西南戦争では、農家出身などの民衆からなる兵隊が薩摩の士族兵を打ち負かした。大村の死から八年後、武士に最終的に引導が渡されたのである。

郷里の鋳銭司自治会は二〇一九年、没後一五〇年を記念して新たな大村の銅像を建立した。人生の大半が教育者だったことから、地球儀の傍らで講義する姿にした。仰ぎ見る靖国の大村像を等身大に近づける試みと言えようか。

大政奉還と武力倒幕　薩長芸同盟

安芸灘に浮かぶ大崎下島の御手洗（広島県呉市豊町）の路地を巡ると、南国薩摩の風情がほのかに漂う。お茶屋だった建物の座敷天井に屋久杉の板が張られ、土塀には桜島の噴石が塗り込めてある。別の屋敷にはソテツの木も植えてある。

＊

幕長のはざま　物言う雄藩に

参勤交代船や北前船が行き交った頃の瀬戸内海は人や物を運ぶハイウエーだった。風待ち潮待ちできる島々の港は滞在型のサービスエリアで、異国情緒あふれる俗界のテーマパークでもあった。

中でも、人目に付きにくい内海中央の御手洗港は幕末、芸州広島藩と薩摩藩が長崎を介して行った密貿易の舞台となった。路地に面した薩摩藩の船宿が商いの拠点となり、広島からはコメや鉄、銅、綿が、薩摩からは銃などがもたらされた。こうした両藩の交わりはやがて薩長芸の三藩出兵同

風待ち潮待ちの港として栄えた御手洗。薩長芸３藩出兵の寄港地ともなった（広島県呉市豊町）

盟へと発展した。維新前年の慶応三（一八六七）年のことである。

広島藩の浅野家はもともと、物言わぬ外様大名の典型だった。嘉永六（一八五三）年のペリー来航以降、勢いよく国政に進出した薩摩、長州藩などと違い、中央政治に関わらずひたすら保身に努めるような藩だった。そのノンポリ藩が薩長と結び、直後の慶応三（一八六七）年一〇月には土佐藩に続いて幕府に大政奉還の建白もすることとなる。にわかに表舞台で躍動して雄藩の一角を占めるとは不思議なほどの変貌ぶりである。

そのきっかけは二度にわたる長州征討だった。その都度、広島に征長総督府が置かれ、広島藩は長州との連絡役を命じられた。実戦となった第二次征長の折、広島藩は長州と直接戦うことは避けたが、藩西部の街道沿いの民家は軒並み戦火で焼かれた。農兵や軍夫に駆り出され、物品も徴発されるなど領民は塗炭の苦しみをなめた。

休戦後も朝敵のままの長州藩を説得するよう幕府は広島藩に命じた。寛大に取り計らうから嘆願書を出せという内容で、長州藩が応じるはずもない。広島藩は幕長のはざまで中央政局にいや応なく巻き込まれた。

藩内で議論を重ねた。幕府は将軍徳川家茂の急死で休戦しただけで、一方の長州も勝ちに乗じている。いつ戦がぶり返して芸州（広島藩内）が再び戦場となるかもしれない。両者を超越した天皇の親政となれば戦争はやむのではないか――。藩論は大政奉還による王政復古に傾いた。

大政奉還論の源をたどると、ペリー艦隊がもたらした米国大統領国書の異例の扱いに行き着く。開国を求める国書を老中首座の阿部正弘は全大名に公開して意見を求め、朝廷にも奏聞した。幕府専制が音を立てて崩れ、朝廷の権威が増した。

この後に諸大名への諮問は慣例化し、対象は諸藩士にまで広がる。兵庫沖に列強艦隊が現れて鎖国攘夷に固執する朝廷に脅しをかけるという異常事態が慶応元（一八六五）年一〇月に起きた。朝議が紛糾を続ける中、孝明天皇は在京十数藩の藩士三十数人から御簾越しに意見を聞いた末、通商条約の勅許を決めた。土佐藩の大政奉還建白書にある上下議政所の下院のひな型とも言えよう。

幕府が第二次征長戦で長州に事実上敗れた後、大政奉還を巡る諸藩の腹の探り合いが京都を舞台に繰り広げられた。話し合いによる政権移譲を目指して大政奉還に振れたのが土佐藩、そして広島藩だった。

それではまだ徳川勢力が主導権を握る可能性があるとして、大政奉還に懐疑的だったのが薩摩藩である。長州復権処分の手順を巡って島津久光は将軍徳川慶喜と対立し、慶応三（一八六七）年六月に武力倒幕へかじを切った。このころの長州藩は京都での表向きの活動はできず、薩摩藩邸に連絡役を置くのみだった。

和か戦か揺れる藩内

大政奉還と武力倒幕という相いれない二つの路線が交錯する中、薩摩藩は長州藩そして土佐藩、広島藩に声を掛けた。大政奉還に幕府は応じないと想定して挙兵する盟約を結ぶ。しかし土佐藩は挙兵に乗れないとして途中で降り、薩長芸三藩による出兵同盟が慶応三（一八六七）年九月二一日に成立した。

薩摩艦が三田尻（山口県防府市）に着いてから長州艦は出航し、広島艦は御手洗で待つ。薩摩艦は先に大坂に入り、広島艦は長州艦を先導して西宮に着ける―との内容である。

広島藩には武力倒幕にためらいがあった。京都にあって土佐藩のスタンスに近かった執政の辻将曹が挙兵中止を要請して藩内が大もめとなる。肝心の薩摩艦は期日に現れず、挙兵は延期された。薩摩の国元でも実は、出兵への慎重論が根強くあったためである。

一〇月は目まぐるしい。土佐藩は三日に大政奉還を幕府に建白し、広島藩の辻は後を追って六日に大政奉還を建白する。八日に京都で西郷隆盛や広沢真臣、辻ら薩長芸の代表者が集まり、出兵同盟の仕切り直しを確認した。

薩摩の当初の目論見とは違い、慶喜は大政奉還を天皇に上奏して一五日に勅許された。新体制下で影響力を保つ狙いだったのである。そうした動きの一方で、倒幕の密勅が薩長両藩に下った。慎重論が残っていた薩摩藩内の流れがこれで変わり、藩主島津忠義が挙兵上洛することに決した。広島、長州藩の世子《せいし》同士の浅野長勲《ながこと》と毛利元徳が二九日、岩国新湊で会って出兵同盟を確認した。同席した長州の木戸孝允は広島へ入り、一一月三日に長勲と協議して六日に帰った。一一月四日から三日間、一体何をしていたのか。

御手洗で薩長芸三藩の密会があったとの説がある。忠海（広島県竹原市）出身の広島藩士で志士らと交わった池田徳太郎は傍証とも受け取れる手紙を残した。

御手洗の隣島、大長出身の志士で池田とも親しかった新谷道太郎は九〇歳を過ぎてから、坂本龍馬ら土佐勢を加えた四藩会議があったと回想している。御所を固める兵に援軍と兵糧米を日本海経由で送ることを決めたという。

回想の他の部分の記述には明らかな誤りもあり、特に龍馬が加わるくだりなどにわかに信じがたい。ただ、木戸は広島のどこかで誰かに会ったはずで、御手洗には密会を包み込んでくれそうな趣がどこかある。

一一月二六日には長州船団が御手洗に寄港した。東上手順を協議した後に出航して西宮に着き、薩摩勢は一足早く入京した。

慶応三（一八六七）年一二月九日、薩摩藩と岩倉具視ら廷臣が王政復古の政変を起こす。薩摩、広島藩兵らが御所周辺を固める中、摂政関白と幕府を廃して総裁、議定、参与を任命。議定の大名家五人の中に浅野長勲がおり、参与には辻らも就いた。夜に小御所会議で土佐藩の山内容堂が将軍慶喜をこの席に加えるべきだと主張して岩倉具視と激論になるが、容堂は抑え込まれた。

排除された将軍慶喜は大坂城に移り、慶応四（一八六八）年一月三日、京都へ進む幕府軍と薩長軍の戦いが鳥羽伏見で始まる。

広島藩兵三九九人も出たが、辻の実弟である総司の岸九兵衛は部下がいくら進言しても兵を動かさなかった。六日になり士農混成の応変隊一四六人が戦闘に加わるが、容堂の指示に従わず前線判断で参戦した土佐藩兵にも後れを取った。

大政奉還による話し合い路線と武力倒幕の両にらみできた広島藩の迷いが土壇場で出た。「薩摩交易で旧式ゲベール銃をつかまされるなど軍事力整備の遅れが響いた」（広島県立文書館の西村晃総括研究員）との見方もある。和平の維持が基調だった広島藩らしい対応とも言えよう。

それ以降の戊辰戦争では、薩長に加え軍の洋式化を進めた土佐、肥前が存在感を高めた。

薩長芸の時代は実質三カ月半で終わり、人々の記憶からもあわ雪のごとく消えてしまう。明治新政府で要職を占めた広島藩出身者はほとんどいない。

錦旗の力　天皇権威の劇的勝利

山口市の中心部を流れる一の坂川は初夏にホタル舞う清流である。上流の橋のたもとに目立たぬ石碑があり、「錦旗《きんき》製作所址《あと》」と刻まれている。

＊

人目避け養蚕所で製作

ここにあった養蚕所に慶応三（一八六七）年秋、大和錦と紅白の緞子《どんす》がひそかに持ち込まれた。萩の有職家《ゆうそくか》岡吉春が金の日輪と銀の月輪の紋が入った錦の御旗各二流と菊花章の紅白旗各一〇流を三〇日間で製作。半分を山口にとどめ、半分を京都の薩摩藩邸に送った。

一の坂川の岸辺に立つ錦旗製作所址の碑（山口市後河原）

翌慶応四（一八六八）年一月の鳥羽伏見の戦いで、この錦旗が突如として翻った。歯向かう者を賊軍とする錦の御旗の威力は絶大で、勝敗の命運を決定づけた。

錦旗とは天皇が朝敵追討の将軍に授ける官軍の印。後醍醐天皇による建武の新政（一三三三年）でも使われた。その活用を思い付いたのは廷臣の岩倉具視である。

慶応三年一〇月六日、薩摩藩の大久保利通と長州藩の品川弥二郎が洛北に岩倉を訪ねると、錦旗の図を授けられた。実物見本はなく、国学者の玉松操が平安後期の貴族大江匡房の「皇旗考」を参考に作図したものである。

鳥羽伏見の戦い勃発の地の碑。鳥羽街道沿いにあり、正面奥に京都へ向かう小枝橋があった（京都市伏見区中島秋ノ山町）

大久保が早速、西陣から材料を取り寄せた。京都では人目に付きやすいため、品川に託して運び込んだ先が山口だった。

その頃京都では、時代変革の異なる流れが激しくぶつかり合っていた。一〇月一四日に将軍徳川慶喜が大政奉還し、幕府に代わる雄藩諸侯の合議制を通じて主導権を握ろうとする。それを切り返すべく、薩長は討幕の密勅を同一三、一四日に得た。広島藩を加えた三藩同盟による出兵も着々と進めた。そして一二月九日、岩倉や薩摩による王政復古クーデター。慶喜や会津、桑名藩など旧幕府派は新政府から排除され、いったん大坂城へ移った。錦旗はこのとき既に朝廷へ納められていたという。

年が明けて慶応四年一月三日夕、鳥羽の小枝橋を渡って再び入京しようとする旧幕府軍に薩長軍の銃砲が火を噴いた。街道に縦隊で連なっていた旧幕軍は包囲されて被弾する。旧幕軍は戦闘を予測しておらず、鉄砲に弾もこめていなかったため大混乱に陥った。伏見でも旧幕軍の斬り込み隊が次々に銃弾に倒れ、本陣の奉行所が陥落した。

開戦時には、薩長両藩と旧幕府の私戦との見方がまだ支配的だった。京都にいる越前、尾張、土佐、宇和島、広島藩などの諸侯や公家たちは模様眺めだった。薩長がしゃにむに開戦に持ち込み、旧幕府との話し合いの道を閉ざしたことへの反感も渦巻いていた。ところが、薩長軍五千弱に対し約一万と数で勝る旧幕軍が緒戦で予想外の惨敗を喫して空気ががらりと変わる。

薩長側にも望外の大勝だった。西郷隆盛は危険を顧みず伏見まで赴き、わが目で戦況を確かめた上で三日深夜、朝廷工作を大久保に書で頼んだ。追討将軍が錦旗を押し立てて出馬するシナリオである。

新政府内にまだ根強くあった慎重論を押し切ったのは「勝てば官軍」の論理である。四日、仁和寺宮嘉彰親王を征討大将軍となし、錦旗と節刀を与える勅命が下った。これ以降、新政府の議定に就いていた諸侯の発言力は地に落ち、薩長と岩倉ら一部廷臣による武力倒幕派が主導権を握る。

官軍の証し戦況決める

五日朝、征討将軍が東寺《とうじ》の本陣から巡回に出た。錦の御旗二流の前後を薩摩、広島藩兵が警護する。鳥羽街道を淀《よど》近くまで南下し、伏見を回って夕刻に帰着した。

戦場にたなびく錦旗は官軍となった薩長軍を奮起させた。旧幕軍は朝敵の烙印という心理的ダメージを負う。日和見藩への影響も見過ごせない。五日、旧幕方だった淀藩は旧幕軍に城門を閉ざし、同じく津藩は六日に突然、旧幕軍を砲撃した。

慶喜の落胆は大きかった。朝廷の権威を巧みに操って幕政をリードしてきただけに、朝敵の二文字が胸に突き刺さる。六日夜、将兵に黙って大坂城を抜け出し、軍艦で江戸へ引き揚げた。新政府は一〇日、慶喜と会津藩主松平容保《かたもり》らに対し官位はく奪など朝敵処分を行った。

官軍と賊軍のレッテル張りは、いつ逆転するやもしれぬ怖さがある。勝てる確信のなかった倒幕派は、錦旗の威力の源泉である天皇の動座（移動）計画を練り、危機に備えていた。朝敵の苦杯をなめてきた長州藩の木戸孝允は「玉《ぎょく》（天皇を意味する隠語）を奪われては実に致し方ない」と大久保に何度も計画を念押ししたという。

その計画では、戦争が起きたら天皇を山陰に移し、替え玉の鳳輦《ほうれん》を比叡山に動かす手はずだったようだ。広島藩の幕末維新史が記された芸藩志には、「万一に備えて乗輿《じょうよ》の叡山遷幸を準備した」との記述がある。

鳥羽伏見での勝利を受け、新政府は西国平定に乗り出す。九日に福山藩を無血開城させ、一一日に備中松山、讃岐高松、伊予松山など中四国の譜代大名らの討伐命令を出した。

岡山、広島藩へ増産し下賜

備中松山藩の征討を命じられた岡山藩は、新政府から届いた錦旗二流を翻して松山城に迫る。藩主で老中の板倉勝静《かつきよ》不在のまま松山藩は降伏し、一八日開城した。

その錦旗が岡山市の林原美術館に残る。吉祥柄の朱色地で長さ三・六メートル。高揚した緊迫感とでも言おうか、官軍の残り香を放つ実物と収蔵庫で対面した。一六弁の菊花紋は、金泥を生地に塗ったものである。山口で製作したものと違い、縫製に手間がかかる裾の切れ込みはない。

岡山藩に下賜された錦旗２流。備中松山藩征討に使われた（岡山市北区丸の内、林原美術館蔵）

岡山藩と同じく一一日付で、広島藩も同様の錦旗二流を賜った。高梁川以西の備中と備後の旧幕府領を追討没収するためである。その威力を鳥羽伏見で目の当たりにした新政府は、数日間で取り急ぎ増産したのではなかろうか。

二月一五日、東征大総督の有栖川宮熾仁《たるひと》親王が錦旗を賜り出発した。「宮さん宮さん御馬の前にひらひらするのはなんじゃいな」「あれは朝敵征伐せよとの錦の御旗じゃ知らないか」―。品川作のトコトンヤレナぶしを歌いながら官軍は一路江戸に向かった。

錦旗の登場は、シンボル化された天皇権威の劇的な勝利の物語である。敵味方を峻別《しゅんべつ》し、少しでも抵抗する者を賊と見なすことで、専制支配の道具にもなり得た。それらは近代天皇制国家の原風景となる。

新政にあらがう農民　武一騒動

広島城から北へ約五〇キロ、田畑の緑が広がる広島県北広島町有間に江戸末期の庄屋住宅が残る。中に入ると柱や壁のあちこちに鉈《なた》や鍬《くわ》を打ち据えた疵痕《きずあと》が目に入る。明治四（一八七一）年の「武《ぶ》一《いち》騒動」の際のものという。

＊

元藩士の移住引き留め発端

廃藩に伴って東京へ移住する元藩主の引き留めに始まった騒動は、貧農層の積年の怨嗟《えんさ》に火を付け、世直し一揆の巨大な波が村々をのみ込んだ。荒ぶる農民たちが残した疵痕は今、時を経て黒光りを放つ。

明治四年七月一四日、廃藩置県の詔が抜き打ち的に発せられた。明治維新の中でも、藩がなくなるというのは最も過激な変革であろう。二年前の明治二年の版籍奉還で知藩事となった旧藩主は一斉に罷免され、東京居住を命じられた。

薩長土三藩の兵士八千人からなる親兵の武力を背景にした、太政官（新政府）の薩長閥によるクーデターだった。貢租や予算を政府に集中しなくては八千人の親兵さえ維持できない切羽詰った背景もあった。この荒療治でようやく中央集権的な統一国家が実現した。不思議なことに、各藩からの組織的な抵抗はほとんどなかった。戊辰戦争を経てどの藩も深刻な財政破綻にあえいでいたからである。

広島藩も広島県となる。東京に出ていた前知藩事の浅野長勲《ながこと》を追い、老公こと元藩主の浅野長訓《ながみち》も上京の運びとなった。

八月四日、広島城内の竹の丸館から出ようとした老公の駕籠《かご》はすぐに立ち往生した。「お留め申す」「お留め申す」。城内を埋めた数千人の農民が口々に叫んで出発取りやめを哀願し、初穂米や金銭の包みを差し出した。

各地で社寺に寄ってあらかじめ引き留めを申し合わせており、初日は県西部の山県、佐伯郡からが多かった。翌日以降もとどまって元藩主の出発を警戒し、後続組も日増しに増えた。

県庁は郡部を回って説諭を始めたが、山県郡では庄屋宅で説諭中の官員が竹槍を手にした農民多数に襲撃された。城下で豪商宅の破壊も始まった。

農民たちが柱になたや鍬を打ち付けた疵痕が残る庄屋住宅（広島県北広島町有間）

なぜ殿様の引き留めなのか。城下が騒然とする八月一一日、県内一六郡の代表者会議で採択した嘆願書は「廃藩置県後も旧領主に県政の担当を」とひたすら願う内容である。新しい政治体制への強い恐怖心の表れだろう。

起草者は山県郡有田村（現・北広島町有田）の武一

武一騒動が始まった旧広島城内。引き止められた前藩主の館跡には国の合同庁舎（右端）が立つ（広島市中区基町）

（西本屋武一郎）とされる。県北や後に尾道まで全県に広がった一揆は武一騒動と呼ばれた。

武一は道徳の実践を庶民に説く心学を学び、地元で塾を開いていた。藩への上申書で農民の生活向上策を求め、庄屋とも交わる知的で穏健な人物である。後半の暴動には加わっていない。

この騒動は、郡代表が連携した殿様引き留めが前段とすれば、後段は世直しの色彩を帯びた暴動へと変質した。村の大多数を占める貧農層が主役となり、村役人の割庄屋（複数の庄屋のまとめ役）、庄屋といった豪農や豪商そして役所を標的とする打ち壊しに発展したのである。

開国以来、農村にも商品経済が急速に浸透して階層の分離が進んだ。商品の専売や貸金業で庄屋層は富を蓄える一方、小作など貧農は困窮を極める。二度の長州征討による重い負担や明治二（一八六九）年の大凶作も尾を引き、一触即発の情勢になっていた。

開化への不安あおる流言

積もりに積もった怒りのマグマの噴出をあおったのは、数々の流言飛語である。県庁は事実無根なので信じないよう説諭したが、そこには農民の心情を読み解く鍵が潜んでいる。

「割庄屋の家に、お上から渡された耶蘇《やそ》宗の秘仏（デコとも）を納めた桐の箱がある」「女子や飼い牛を異人に売り払う密約がある」。これらは布教による侵略という邪教のイメージが定着していたキリスト教を引き合いに出し、政治体制が西洋式に変わることへの危惧を表しているように見える。

もっと直接的な表現である「太政官は異人が政事を取り扱う所」は、お雇い外国人を増やす政府批判ともとれる。

外国人支配への恐怖は新政府が進める開化政策に対する不安と表裏一体だった。一揆民は村役人を「憎き太政官の手先」と見て、「デコを出せ」などと叫んでその屋敷に押し寄せた。県内で打ち壊しに遭った約二〇〇軒の半数以上が庄屋や割庄屋だった。

天皇を知らない農民たち

廃藩置県を主導した長州閥リーダーの木戸孝允は、各藩並立の連峰形でなく朝廷を頂点とする独立峰形の国家構想を絵に描いている。ただ、その底辺を支えるはずの農民たちは中央集権の権威の源である天皇についてまだよく知らなかった。

浅野長訓は領民を諭す書面で「神武天皇より二五〇〇年神統が続く、比類なく尊き現御神様なり」

と一から教えなければならなかった。「太政官とは何事も天子様の叡慮《えいりょ》を受けて執務する所」とも説いた。農民たちはしかし、天皇家の菊章入りの幕を広島城から外す挙に出た。

城下が無法地帯となるに及んで県は一三日、武力行使による鎮圧に乗り出す。竹槍で抵抗した農民も発砲でちりぢりとなり、二二人が死亡した。郡部にも軍を差し向け、九月下旬にようやく鎮静化。農商兵が加わる神機隊などが鎮圧に当たる巡り合わせとなった。

県は五七三人を捕まえ、九人を死罪とした。首謀者と目された武一は、ただ一人さらし首の極刑に処された。四八歳だった。見せしめのために誰かを首謀者に祭り上げることが必要だったのである。

旧藩主の引き留め一揆は九月二〇日に隣の福山県（現広島県東部）に飛び火し、香川、高知など西日本各地に広がった。新政反対一揆とも呼ばれる。木戸たちが描く国家構想に付いて行けない農民たちの叫びは、聞き入れられることなく抑え込まれた。

武一の墓は妻の実家があった広島県安芸高田市内のほか、地元の北広島町有田の大福寺へも昭和三六（一九六一）年、地元有志によって建てられた。

「一揆の首謀者ということで、革新団体の方もよくお参りされとった」と同寺前住職の水野仁岳さん（八三）。一九六〇年代の全共闘運動のころは「造反有理」が叫ばれ、学問の世界でも一揆研究が盛んだった。この時期に編まれた県史や市町村史の多くは百姓一揆についてかなりのページを割いているのが特徴である。そんな時代背景を反映して、六〇年代には武一騒動の劇も広島で創作された。

今も時折、歴史探訪グループが大福寺を訪れる。石州街道沿いの武一の居宅跡を山県警察署千代田交番付近と誤る人が多いという。「昔はもう少し南に交番があり、本当はそこが武一宅跡だったんですが」。薄らぐ地域の記憶に水野さんはもどかしそうである。

断髪と天皇巡幸　開化と復古

島根県出雲市大社町の出雲大社に近い藤間《とうま》家は江戸時代に廻船業を手広く営み、松江藩主を迎える本陣でもあった。広壮な建物の奥座敷で、ガラス板に焼き付けられた断髪写真を見せてもらった。

＊

文明の魁のジャンギリ髪

明治五（一八七二）年一〇月に同県松江市宍道町の同じく本陣だった木幡《こわた》家で撮られた一枚。はさみで切り落とされた若主人の丁髷《ちょんまげ》を手に見入ったり、指さしたりする人物もいる。

若主人（写真中央）の木幡耕造は藤間家からの養子。実兄の藤間穂左衛門（同右端）は断髪済みで、ハイカラなシャツに帽子姿である。舞台に舶来のじゅうたんを敷き、頭上に「文明開化魁《さきがけ》」の幕を掲げる念の入れよう。三代後の藤間家当主の亨さん（九一）は「新しい物好きだった曽祖父がセッ

木幡耕造（中央）の断髪式の写真。右端は実兄の藤間穂左衛門。松江から写真屋を呼んで撮影した（藤間家蔵）

トしたんだろう」と推測する。

木戸孝允が創設した「新聞雑誌」に明治四（一八七二）年五月、「ジャンギリ頭をたたいて見れば文明開化の音がする」との俗歌が載った。三カ月後の八月には髪形や帯刀を自由にして良いとの散髪脱刀令が出される。その実態は、地方官を動員した強制を含む断髪奨励の始まりだった。

それから一年余り後の耕造の断髪決断も、木幡家をわざわざ訪れた島根県権令に「一国一郡の長たる者は天朝の意に従い、文明の魁としてジャンギリ髪に」と説諭されたからである。

木幡家は庄屋を束ねる地域リーダーである。写真機を持ち込んだ断髪式からは、「新政移行で地域が動揺する中、文明の魁として率先して断髪を町内へ広げようという決心」（勝部真人広島大教授）がうかがえる。現に耕造の義父は後日、庄屋など村役人に期限を区切っての断髪を促している。

兜《かぶと》の中が蒸れないように武士が月代《さかやき》を剃《そ》って髪を結い始めたのが丁髷の起源とされ、町人や農民にも広まった。西洋人の目には未開な風習と映ったが、改めさせられる側には強い抵抗感があった。広島での武一騒動に端を発した明治四年の新政反対一揆では、「太政官は異人が政事を行う所」といったデマが農民の怒りに火を付けた。上からの開化である断髪の奨励に「なぜ西洋人のまねを」と人々は感じたに違いない。

それに対し、為政者側の説明は意表を突く。「外国人の真似《まね》じゃと思ふは大きな了見違いじゃ。散髪になるは日本のいにしえに習ふのじゃ」と加藤祐一講釈の『文明開化』（明治六年）は説く。丁髷頭はたかだか三〇〇年前からで、その前に戻るだけとの主張である。

武士が支配した近世の風習を否定するのに、一つは西洋的な基準から、もう一つは日本の古き世を持ち出したのである。開化は復古でもあるとの論理は、肉食や服装にも同じように適用された。国学者や神道家の非難から逃れるための方便でもあった。

神代復古で過去リセット

万国対峙のために開化を目指す一方で復古を強調する手法。その筆頭に挙げるべきは天皇制の統治原理だろう。王政復古の宣言には「諸事、神武創業の始に原《もと》づき」とある。国学者や復古神道家らが夢にまで見た二五〇〇余年前と定める神代の世界への復古である。

これで武家、摂関政治など一切の過去はリセットされた。万世一系の皇統という絶対的権威の前で大名や公家の威光は輝きを失う。倒幕の主役の下級武士たちが、天皇の名の下に廃藩置県から四民平等、国民皆兵までなし遂げることができた理由がここにある。

土地も人民もすべて天子のものと説かれても、民衆にとって天皇は見知らぬ存在だった。年若い明治天皇も統治すべき国のありさまを知る必要があった。こうして始まったのが地方巡幸である。

最初の長期巡幸は明治五年五月二三日から七月一二日まで艦船七隻で近畿・西国・九州を巡った。二一歳の天皇は参議の西郷隆盛ら政府や軍の要人七〇人余に近衛小隊約一〇〇人を従えていた。洋式軍服に身を包んだ騎馬姿の天皇を民衆に見せることで、文明開化路線への反発を和らげる狙いもあった。

巡幸を受け入れた側の対応を、六月一〇日から一三日まで滞在した山口県（長州）の下関で見てみよう。ここでは関門海峡の西方に突貫工事で完成させた六連島《むつれじま》灯台の視察などを行った。旧長州藩士で宮内大丞に就いていた杉孫七郎は山口県の中野梧一参事宛ての手紙で「政令が行き届き、頑固の風習を一洗するだろう」と巡幸の効果に期待している。

新政府は準備を簡素にし、住民の日常の営みを規制しないよう求めた。それでも下関の山口県支庁は巡幸路の清掃や補修を指示し、裸や肌脱ぎなどの行為を禁止した。大勢の人出を想定して宿泊用に寺の開放や食事の用意をするよう、物価も下げるようお触れを出した。近在の者には巡幸の日には家業をなるべく繰り合わせ弁当持参で拝礼するよう指示し、遊女、物乞いを含む各層民衆の奉迎も促した。

天皇が上陸した下関市街は立錐《りっすい》の余地がないほどの人波で埋まる。立って迎えてよいとの達しだった。子どもたちは立っていたが、大人たちはみな街道筋にしゃがんで拝したという。天皇の行在所は旧本陣の伊藤邸にしつらえられた。行在所の庭に並べた船に海水を満たして各種の魚を見せた庄屋は、侍従を通じて天皇から魚の名前を聞かれたことを「未曽有の幸福」と日記に書いた。

仁愛に満ちた近代君主像

天皇は浜田県の佐藤信寛権令を招いて五三〇余人が亡くなった二月の浜田地震の被災状況を聞き、救援金三千円を下賜した。佐藤は感激のあまり落涙して打ち伏し、そばの者も皆泣いた。これを伝え聞いた浜田の人々が下関まではせ集って「天恩を奉謝した」という。幕長戦争で長州軍に敗れた浜田藩が城を自焼してからすでに六年がたっていた。

「これらが御巡幸らしきこと」と西郷は知人への手紙で特筆した。人々の苦難に寄り添って励ます天皇像は、仁愛に満ちた近代的君主のイメージを生み出したのである。現在の天皇による被災地訪問の原点ともい

明治天皇の下関巡幸の際、行在所となった旧本陣の伊藤邸跡（山口県下関市阿弥陀寺町）

えよう。

山口県の中野参事は巡幸の知らせを受けた時、「御軽挙」と感じていた。宮廷の御簾《みす》に隔てられていることによる旧来の権威を捨て、天皇を民衆の目にさらすことにまだ根強い抵抗があったのである。長期滞在した鹿児島では、守旧派の島津久光は開化政策を理解しようとはせず、久光から新政批判の意見書を突き付けられるなど散々だった。

それでも西郷ら政府要人は、この巡幸で民衆の反応や地方官の協力ぶりに手応えを感じた。天皇はその後も明治九（一八七六）年の東北・函館▽明治一一（一八七八）年の北陸・東海道▽明治一三（一八八〇）年の甲州・東山道▽明治一四（一八八一）年の山形・秋田・北海道▽明治一八（一八八五）年の山口・広島・岡山と続く六大巡幸を重ねることになる。

明治五年は、廃藩置県を受けて新政反対一揆が続発した翌年である。開化路線に不満を抱く尊王攘夷派士族の不穏な動きも続いていた。西洋文明をまとった天皇の存在を広く知らせる巡幸と、地方官や村役人を動員しての断髪奨励は表裏一体の政策だった。

開化と復古の両方を民衆を動かすテコとして使い分け、近代天皇制国家の歩みが始まった。

日本型の政教分離　国家神道下の信教の自由

ＪＲ津和野駅（島根県津和野町）の裏から急坂を約五分登ると、乙女峠と呼ばれる広場に出た。明治初年にキリシタン迫害の舞台となった廃寺跡に、礼拝堂や殉教者三七人を悼む碑が立つ。二〇一八年の五月三日も例年のように約一五〇〇人のカトリック信者による野外ミサが催された。長崎のキリシタンが上陸した広島県廿日市市から津和野までの街道を歩いて巡礼する人々もいた。

＊

キリシタン迫害　欧米で大問題に

幕末、日本と通商を始めたフランス人が長崎にカトリック教会を建てると浦上村の人々が自分たちも信者だと名乗り出た。幕府は慶応三（一八六七）年、潜伏キリシタンの捕縛に乗り出す。いわゆる浦上四番崩れである。

明治新政府もキリスト教の禁止政策を幕府から引き継いだ。慶応四（一八六八）年閏《うるう》四月の太政官令で浦上キリシタンの諸藩配流が始まり、禁教が解ける明治六（一八七三）年まで続く。津和野藩は

拷問によるキリシタン殉教者を生んだ廃寺跡。乙女峠と呼び習わされる（島根県津和野町後田）

信仰の主要リーダーを含む計一五三人を引き受けた。四万三千石の小藩としては極めて異例である。

祭政一致を掲げて神道国教化をリードした津和野藩の特殊な事情が裏にある。教育熱心なこの小藩は幕末、国学者の大国隆正を生んだ。万世一系の天皇の皇祖神を祭ることが政事の基本と大国は説き、神武創業にさかのぼる王政復古の指導原理となる。岩倉具視のブレーンで王政復古に参画した国学者玉松操も大国に師事したことがある。

新政府に祭祀《さいし》を行う神祇《じんぎ》官ができ、神道を信奉する津和野藩主の亀井茲監《これみ》がナンバー二の副知事、大国門下の同藩士福羽美静《ふくばびせい》が判事になった。国民教化を担う立場上、小藩であっても率先してキリシタンを引き受け、改宗させようとしたのである。

僧、神官さらには藩士が改心するようキリシタンを説得した。ところが信者リーダーはおのれの全存在をかけて反論し、その後の拷問にも耐え抜いた。津和野藩には神祇行政を主導するメンツがある。「焦りが拷問をエスカレートさせて多くの殉教者を生んだ」（郷土史家の山岡浩二さん）とみられる。乙女峠には、九〇センチ立方の三尺牢や真冬に氷責めをした池が復元されており、拷問の苛烈さに息をのまずにはおられない。

キリスト教信者への迫害は欧米で報道されて大問題になる。折しも政府要人が多数加わる岩倉使節団が明治四（一八七一）年一一月に日本をたって現地にいた。不平等条約の改正を目指す使節団は最初の米国で、交渉の前提として信仰の自由を保障するよう強く求められた。

使節団の中からは、キリスト教の容認論にとどまらず国教化論まで出始めた。条約改正のために天皇が率先してキリスト教に帰依し、政府高官や国民が続くべきであるとの主張である。伊藤博文もこの考えに傾き、同じ長州閥リーダーの木戸孝允に説いていたようだ。

使節団がロンドンに着いた明治五（一八七二）年七月、長州出身の欧州留学生たちが木戸を囲んだ。ドイツ留学中の青木周蔵は、キリスト教を国教化する案への意見を木戸から求められる。欧州の度重なる宗教戦争の歴史に触れながら青木は「国内至る所で内乱が起きること間違いなし」と全否定した。

木戸はその場にいた伊藤を面罵した。「貴殿の説と正反対ではないか。米国人に聞いたことを真に受けて空想を描き、国家を乱すことはならぬ」。後に外相となった青木が自伝に記している。

その直後の七月末、木戸のロンドン宿舎を長州出身の真宗僧である島地黙雷が訪れた。かねて木戸と懇意にしていた黙雷は同じ部屋に泊まるほどに話が弾んだ。現在の山口県周南市垰、通称升谷という山間の専照寺に生まれた黙雷は、西本願寺の派遣団員として欧州の宗教事情を調査中だった。

島地黙雷

黙雷の先達は、幕末に本山改革を叫んだ同じ長州僧の月性である。江戸時代の檀家制度はキリスト教を禁じるための戸籍管理で、寺は権力の末端にあった。月性は僧侶の堕落や仏教の形骸化を厳しく批判し、返す刀でキリスト教流入への防御を訴えた。

維新期に仏教はどん底の危機を迎える。神道の国教化が進み、神社から仏教的なものを排除する神仏分離令が出された。寺院や仏像を破壊する廃仏毀釈が各地で激化する。寺や僧侶からなんとかしてほしいとの嘆願が寄せられるが、それを受ける役所もなくなっていた。

黙雷は木戸ら長州閥の政治家に談判し、明治三（一八七〇）年に民部省内へ寺院の担当部署が新設された。翌年には教部省の開設を請願する。仏教によるキリスト教の流入防止をうたい、新政府内への居場所づくりが狙いだった。

訪欧で衝撃　新教を高く評価

文明開化の時代にキリスト教の実情を知る必要もあり、黙雷は欧州を訪れた。現地で見聞を重ねるにつれ、考えを一変させる。自分たちが「妖教」と呼んでいたキリスト教が西洋人の生活や文化に深く根を下ろしていることを知って衝撃を受けたのである。

かつてはスペイン、ポルトガルといった海洋国家がキリスト教布教と領土拡大を同時に図り、それを恐れた日本は鎖国に踏み切った。西洋ではその後の宗教改革で新教が生まれ、政教分離や信教の自由が保障されるなど世俗化が進んでいた。黙雷は新教のプロテスタントを文明国の宗教として高く評価し、真宗を日本の新教になぞらえもした。

黙雷が渡欧中の日本では、新設された教部省で神仏合同の国民教化が始まった。神道色の強い敬神愛国など三条の教則を掲げ、実態は仏教を従わせる政教一致体制だった。

欧州での見聞を基に、黙雷は三条教則批判の建白書を滞在中のパリから提出する。教部省の神道国教化政策を「一宗を造製し人民に強いるもの」と非難し、「宗教は心の問題で政治と混交すべきでない」とした。政教分離や信教の自由の主張である。

欧州の現地で宗教と政治の結びつきに触れた木戸はこの時期、仏教の国教化も考えている。青木に頼んで作成させた明治六（一八七三）年の憲法草案「大日本政規」には「日本国ニテ主トシテ信仰スベキ宗旨ハ釈迦教ナルベシ」とある。この背景には「黙雷による根回しがあった」（児玉識龍谷大元教授）との見方もある。黙雷はロンドンやパリで木戸と頻繁に接触を重ねており、三条教則批判も木戸の同意を得たうえだった可能性が強い。

ただキリスト教ほど強固な宗教的基盤のない仏教の国教化は結局、見送りとなる。青木がその翌年に作成した新たな憲法草案では「諸種ノ宗教ヲ感念信仰スルコト各人民ノ随意タルベシ」と変更されている。

帰国した黙雷の奔走で真宗は教部省の教化機関の大教院から脱退し、大教院は廃止となる。仏教は神道による支配の危機から脱した。宗教近代化の第一歩と言えよう。

「神道は非宗教」という妥協

しかしながら日本型の政教分離には限界もあった。最大の問題は神道の扱いだった。黙雷は三条教則批判に「尊王尊朝は国体であって宗教ではない」と書いた。神道は非宗教という棚上げ的な整

島地黙雷が生まれた専照寺。2010年に没後100年法要があった（山口県周南市垰の升谷）

理は、ある種の妥協だった。また、そうでなくては木戸の同意は得られなかったであろう。この時点で黙雷は、後に神道が超宗教的な国家祭祀となり諸宗教を従えていく事態をどこまで予想していたのだろうか。

明治二二（一八八九）年公布の大日本帝国憲法で信教の自由は「安寧秩序を妨げず、臣民の義務に背かない限り」とされた。皇室祭祀と天皇崇敬を柱とする国家神道の大枠中での自由だった。翌年の教育勅語の発布で学校教育を通じて国家神道が国民に広く浸透する。日清、日露戦争を経て、やがて軍国主義と結合した。

宗教という訳語を日本に定着させた黙雷は、宿敵であるキリスト教を鏡として仏教の近代化を進めた。雑誌発行や女子教育を通じた布教強化もその一環である。それだけに後継と見込む三男がキリスト教に入信すると、周囲が気遣うほどに悩み抜いた。晩年は盛岡に移って伝道に努め、明治四四（一九一一）年、七四歳で没した。

黙雷没後一〇〇年の記念法要が二〇一〇年に専照寺で営まれた。以前の四十数世帯が一〇世帯に、農地も縮小した升谷にかつての住民たちも戻り、絆を確かめ合った。山道を連なって来た約一二〇台の車を、亡き夫の後継住職だった清水祐美さん（五三）は万感の思いで迎えた。過疎化に抗うように近隣に勤める長男（二八）が住職を継ぎ、黙雷が生まれた寺の灯を守ろうとしている。

民権運動の先駆者　窪田次郎

中国山地の南端のなだらかな山裾に家々が連なっている。作家の井伏鱒二は現在の広島県福山市加茂町粟根《あわね》に生まれた。四歳の時、近所の窪田先生の葬式を見たのが自身の最初の記憶という。栄達を度外視して農民を救おうとした老先生のことを祖父から聞いており、「毎年盆には墓に参拝する」と森鷗外宛ての手紙に記した。

＊

下から民意くむ民選議院構想

明治三五（一九〇二）年、六八歳で亡くなった窪田次郎は粟根の村医だった。医業の傍ら、教育や住民自治の先進的な活動をリードした。議会制度による地方から国への民意反映の仕組みも提案した。後に啓蒙思想家と呼ばれる。

明治四（一八七一）年二月、全ての子どもに等しく教育を授ける最初の啓蒙所が福山藩内の深津村（福山市）に生まれた。地域の人々がコメを出資して運営する仕組みで、窪田の建言を藩が施策化した。国の学制発布の一年半前である。

読み書き算術のほか福沢諭吉の著書も教科書にした。その必要性を説いて奔走する窪田に村々の豪農層が賛同し、啓蒙所は八三カ所、生徒数五千人余に増えた。視察した文部省の役人は「いささか先手を打たれたるの感あり」と漏らしたという。

明治四（一八七一）年三月には窪田の発案で粟根村に代議人制度ができた。村の運営について評議する九人の代議人を入札で選んだ。帝国議会が開かれる一九年前のことである。

翌五（一八七二）年九月、「下議員結構の議案」という民選議院構想を窪田はまとめた。上からの国家支配に対し、下から民意をくみ上げる小区会、大区会、県会、天朝下議院を置く。下位議会の代表が上位議会に加わり、重要議案は持ち帰って審議するなど連環して運営する仕組みである。

五箇条の御誓文の「万機公論に決すべし」の理念に沿った新政運営の訓練の場として議会を捉えた。その担い手を育てるのが啓蒙所だった。女性に対して「志ある者は入札の権」を認めたのも当時としては画期的だった。

地方にあって、時代を先取りする窪田の発想と行動はどこから生まれたのだろうか。

没落した窪田家に養子に来た父は親戚や村人の援助で長崎に行き、オランダ医学を学んで帰った。医術は村への恩返しという考えを、同じく蘭方医学を大坂、京都などで学んだ窪田は引き継ぐ。診療を通じて農民の暮らし向きを知り、村人との意見交換会も定期的に催した。

最初の師の阪谷朗盧《ろうろ》は岡山県井原市の郷校興譲館で初代館長を務めた後に上京した。啓蒙思想を

明治5（1872）年に東京で撮影した窪田次郎㊨と坂田警軒㊥、阪谷朗廬の長男礼之助㊧の写真。窪田は旧習を掃き出すほうきを手にし、他の２人は帰商の決意を表すように見える（広島県立歴史博物館蔵）

広める「明六雑誌」にも参加した開明的な儒学者である。次の師で福山藩の儒者江木鰐水《がくすい》とともども、窪田の相談相手だった。阪谷のおいで興譲館二代目館長の坂田警軒は民権運動の同志。現在の広島・岡山県境を挟んだ地域の知識人ネットワークが窪田の活動を支えた。

洋学修業を積んだ江木門下の後輩に注目するのは、窪田に関する著書のある広島県北広島町の杉本武信さん。フランスの政治制度に詳しい佐沢太郎、福山藩の岡田吉顕大参事を補佐して後に米国留学した五十川基《いかがわもとい》らとの議論を通じ、窪田の議会構想は磨かれたとみる。

福山藩は幕長戦争の石州口で長州軍に敗れ、戊辰戦争では早々と新政府軍に降伏した。維新後は藩校誠之館に洋学を導入し、庶民教育も試みる。洋学への理解が深かった藩主の阿部正桓の下で岡田大参事らは革新派の窪田を藩庁顧問に登用し、啓蒙所開設の提案を採択した。敗者の青天井とでも言うべき風通しの良さを感じる。

中央でも板垣退助が明治七（一八七四）年に建白書を出し、民選議院設立の議論が活発になった。

そのころ、福山は小田県に編入されて県庁は岡山側の笠岡に置かれる。政府が下院に代わる地方官会議の開催を決めると、窪田と同志は県民の意見を聞いて会議に出るよう矢野光儀県権令に求めた。要請は入れられ、同年八月に小田県臨時民選議会が開かれる。

台湾征討に疑問呈す建議も

臨時民選議会では小区の議論を大区会に上げ、最後は県会で要望をまとめた。窪田らは民間有志の学習組織である蛙鳴群《あめいぐん》も結成した。この時期、粟根村が所属する小区の建議では、明治七（一八七四）年の台湾征討に疑問を呈している。「一般人民へ御下問なし、恐れ多くも広く会議を興し万機公論に決すべしとの御誓文に背けり」と批判し、征討の費用は参加した官員の月給で弁じることを主張している。

議会を機能させていく過程で窪田は「矢野権令に奉る書」を出し、全国紙に掲載された。窪田らの理解者である矢野権令に対して厳しい論調が波紋を広げたためか、権令は翌年の地方官会議後に依願免職となる。後任は来ずに廃県となり、岡山県に合併された。後に窪田はやり過ぎを悔いた。

下から民意を積み上げる民権的な手法はやがて、壁にぶち当たる。そもそも窪田が拠り所とした五箇条の御誓文の「広く会議を興し、万機公論に決すべし」は慶応四（一八六八）年三月の発布当時、薩長による新政権独占を危惧する諸藩に配慮した文言だった。廃藩置県を経て政権が安定すると、国の中央集権的な統治が前面に出てきたのである。

自由民権運動の高揚に冷水を浴びせるかのように政府は明治八（一八七五）年六月、讒謗律《ざんぼうりつ》と新聞紙条例を公布した。言論は抑え込まれ、明六雑誌も廃刊となる。

民選議院の在り方などを新聞に投書して世論に訴えてきた窪田は、対外的な政治活動をやめた。中央の動向を知る阪谷から「静かにした方がよい」と忠告されたこともこたえたようだ。それでも地租改正への反対闘争だけは続けた。

土蔵だけが残る窪田次郎の生家跡。右端に別棟の粟根村啓蒙所があった（広島県福山市加茂町粟根）

農民が富を蓄え農業を発展させてこそ真の富国と窪田や粟根村の人々は考えた。地価の三％の租税は欧米にはない高税率で、それを独裁決定する権限が政府にあるのかと鋭く問うた。それは納税者の権利の主張でもあった。

強権統治の壁に落胆と不信

窪田は井伏の祖父たちと粟根村の農家の平均収支表を作成し、地租改正の不当性を明治一〇（一八七七）年まで訴えたが、結局は押し切られる。当時の岡山県令は、これ以上の抵抗は朝敵同様の振る舞いであり錦の御旗を待っておれ、という趣旨の威嚇までした。民の主張を力で圧殺する明治政府の本質が見えたというべきだろう。政府の富国策は「勧農」でなく「禁農」である、として闘争に見切りを付けざるを得なかった。

これ以降、窪田は医療関係の活動にのみ関わる。新政への期待が大きかっただけに、落胆と不信は終生、尾を引いた。子どもへの遺言に「名アル役人等又ハ教員等ニ為《な》ルベカラズ」とある。

窪田の生家跡は一九九五年に福山市史跡となった。唯一残る土蔵は二〇一一年の台風でエノキの巨樹が倒れかかり一部が壊れたまま。年二回の清掃をする地元保存会は高齢化が進み、事務局の野田能行さん（七五）は「若い世代にどう引き継ごうか」と思案顔である。

福山市で窪田のことが熱く語られた時期がある。平成の大合併が論議を呼んでいた二〇〇二年、市選管肝いりの「びんご井戸端講座」と題し春にゆかりの地巡り、秋にフォーラムがあった。市や町村の行方をめぐる住民投票が各地で行われ、自治の息吹が感じられた頃である。

その後の合併で市町のエリアが広がり、自治の機運は総じてしぼんでいるように見える。二〇一六年の福山市議選の投票率は四四・六九％と過去最低だった。窪田が追い求めた民権の仕組みを私たちはどこまで生かし切れているのか。その挫折も含めて彼に学ぶことは多いように思える。

民権とジャーナリズム　野村文夫と団団珍聞

地下鉄駅から出ると、大通り沿いに雑居ビルが立ち並んでいる。東京都心の千代田区神田小川町

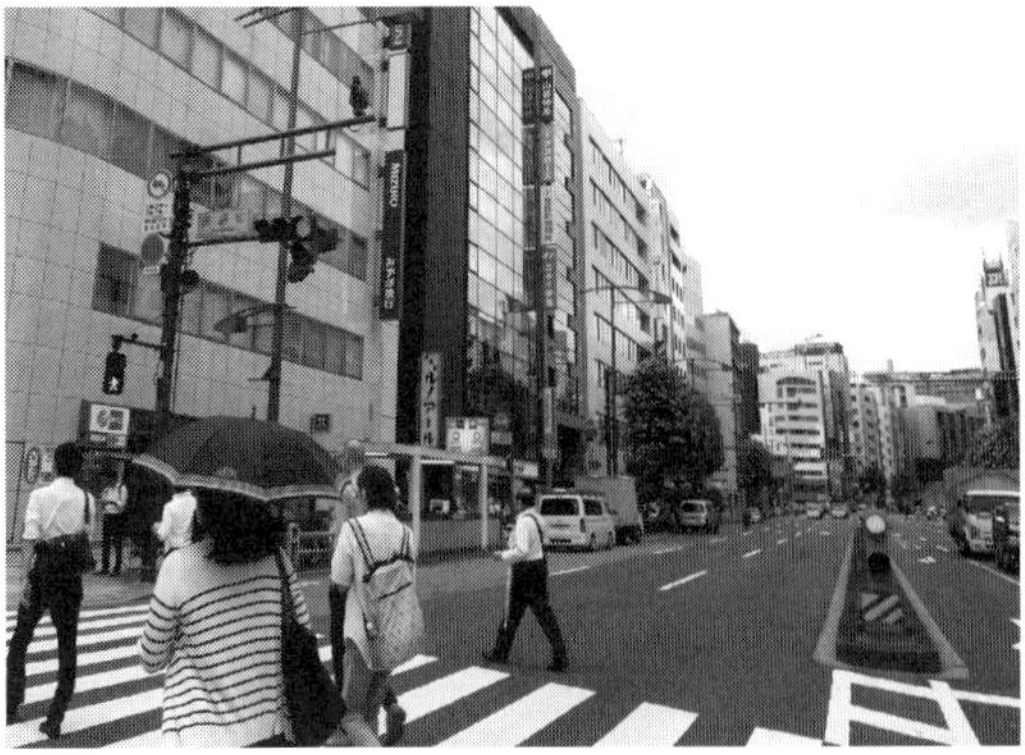

団団社跡付近には雑居ビルが立ち並ぶ。後に移ってきた日本新聞社跡との説明板がある（東京都千代田区神田小川町１丁目）

一丁目。この地で一四〇年余り前、滑稽風刺雑誌「団団珍聞《まるまるちんぶん》」が生まれた。笑いを武器に藩閥政治をなで斬りにし、一世を風靡する。

＊

藩閥政治に風刺で対峙

西南戦争のさなか、明治一〇（一八七七）年三月の創刊。一年後、薩摩出身の参議で陸軍中将、北海道開拓長官の黒田清隆の夫人が急死した。病死とされたが、酒の上での妻殺害を暗にほのめかす新聞もあり噂が広がる。団団珍聞は真相究明を政府に求めた。

同時掲載の風刺画が衝撃的だった。女性と一緒の黒田似の将軍に、「きらはれ損の我身かな　アラ口惜の旦那さん」と犀《さい》（妻）の怪物が出る構図。屏風《びょうぶ》の五行詩の最上段に右から「黒、開、拓、長、官」の五文字を並べた。発行停止になったのか、後に五文字を削った訂正版（❶）を出す。

維新で居場所を失った士族の反乱が鎮圧された後、自由民権運動による反政府熱が高まる時期。風刺画の反響は大きく、黒田は辞表提出に追い込まれる。薩摩閥リーダーの大久保利通にかばわれて辞表は撤回するが、風刺ジャーナリズムの本領発揮だった。

❶黒田清隆夫人の怪死がテーマの風刺画。屏風の最上段に右から並べた「黒、開、拓、長、官」の文字が削られている（団団珍聞明治11年4月13日号）＝国立国会図書館蔵

❷創刊号から使われている団団珍聞の表紙絵（明治10年9月29日号）

生みの親の野村文夫は広島出身の洋学者である。官吏の職に見切りをつけ、四二歳で自宅に団団社《だんだん》を設立して団団珍聞を創刊した。

文夫は、広島地方では塗り薬の「安の目薬」で知られた広島藩医の野村家に生まれた。緒方洪庵の適塾で蘭学を学んだ後、藩命で長崎に赴いて英語を習得。慶応元（一八六五）年、佐賀藩士二人とともに英国に密航留学する。

洋式船の購入を任されるほど藩侯に買われていた文夫は密航に内諾を得ていたようだ。慶応四（一八六八）年に帰国し、人目を引く断髪姿で藩の洋学教授に就く。明治三（一八七〇）年に政府に登用され、民部、工部省を経て退職時は内務省五等出仕だった。

この間、英国で得た知識を紹介する書物を次々に出版した。『西洋聞見録』は『西洋事情』（福沢諭吉）と並ぶ啓蒙書で、文夫が理想型と考える政治の姿も描く。

英国の立憲君主制を、上下両院が政治を行い、国土は王のものでなく天下万民のもので、上下貴賤の別に厳しくない「寛政」と表現。「国民はこれをフリードムという」と紹介している。

新聞についても取り上げた。官民の事情や政治の在り方を知るのに新聞紙が欠かせないのは、公平で何者にもはばかることのない論説があるから、との指摘は本質を突く。弾圧に屈しないで権力に立ち向かう後の団団珍聞の姿にも重なる。

自由民権運動をチェックする内務省にあって、文夫は反藩閥の民権派だった。「高揚期にさしかかる運動の動きを熟知し、時局風刺の雑誌を出して自らも関わろうとする」（漫画・風刺画研究家の清水勲さん）覚悟と自信を込めた創刊だったようだ。

大量印刷と郵便での発送も可能になっていた。文夫は政府からの給料で土地を求めて準備し、団団珍聞出版に打って出る。英国の漫画雑誌「パンチ」を手本にした。

創刊号五千部は新聞社と自社の販売網で完売し増刷した。風刺画と社説に当たる「茶説」、読者参加の狂歌や戯文欄、英訳欄も設けた一六ページを週一回発行。販売網は全国に広がり二年後に一万五千部というベストセラー雑誌となる。

斬新な表紙絵（❷）は元広島藩士の洋画家本多《ほんだ》錦吉郎《きんきちろう》の作。文夫に英語を学んだ縁で誘われ、数々の名作を残した。編集に戯作者や漢学者も加わり、幕末の薫りも漂う和洋折衷の雑誌だった。

投獄や発行停止何度も

明治政府は新政を広めるためにはじめは新聞を奨励したが、民選議院設立の声が紙面で高まると弾圧に転じる。明治八（一八七五）年に名誉毀損法の讒謗律《ざんぼうりつ》と新聞紙条例を制定した。政府に反論する記者は次々に投獄され、新聞は発行停止となった。一年後、東京、横浜の新聞各社社員は浅草寺で新聞大供養を開いて抗議する。異論を封じる政府を、民犬（民権家）を防ぐため

❸国会開設を求める民犬（民権論者）を防ごうとナマズ（官吏）が塀を築く様を描いた諷刺画（明治13年4月3日号）＝国立国会図書館蔵

❹北海道官有物払い下げ問題の風刺画。五代友厚が引く貿易車（五代の関西貿易商会）にタコ姿の黒田開拓長官がふんぞり返る（明治14年8月20日号）＝国立国会図書館蔵

に官吏のナマズが権塀を築く風刺画（❸）で批判した団団珍聞も受難の連続だった。風刺画背景の桐《きり》の葉が皇室の象徴に不敬として発禁になった。東大生の大量放校処分を書いた茶説が大学、文部省への侮辱として編集長と社主が禁獄二カ月に。訪欧中の自身が耶蘇《やそ》教への改宗を誘われる戯画に伊藤博文が激怒し、警保局長に命じて発禁にさせたこともあった。

自衛策として明治一一（一八七八）年、姉妹誌の「驥尾団子《きびだんご》」を創刊した。団団珍聞の発行停止中に読者に届ける狙いだった。

当時のジャーナリズム全体に目を転じると、新聞が力を発揮したのは明治一四（一八八一）年の北海道官有物払い下げ事件報道だった。東京横浜毎日新聞が暴露して各紙が追及キャンペーンを繰り広げ、抗議集会も相次いだ。

団団珍聞も参戦する。安値払い受けで批判を浴びた薩摩出身の五代友厚が引く車にタコ姿の開拓使長官の黒田清隆が乗り、「むりそく号」と車に書いてある（❹）。

政府は払い下げを取り消し、国会開設の勅諭を出して明治二三（一八九〇）年の実現を約束した。これを受け板垣退助の自由党、大隈重信の立憲改進党ができる。

弾圧に立ち向かう熱っぽさ

政党の影響を受けた新聞は政府批判の論陣を張り、大弾圧を招いた。板垣の地元の高知新聞は発行停止のたびに身代わり新聞を出して抵抗した。明治一五（一八八二）年七月、発行停止六回にして死すとの黒枠社告を掲載して新聞葬を行い、三千人近くが参列した。

自由民権運動と共に歩み、弾圧に立ち向かうジャーナリズムの熱っぽさ。「武力でかなわないなら、言論で政府に対峙した。薩長何する者ぞとの思いが士族層には強かった」（春原昭彦上智大名誉教授）からだろう。

新聞の力をそぐために政府は明治一六（一八八三）年、新聞紙条例を改定した。高額の保証金を納めさせ、身代わり新聞の発行も禁止する。このダブルパンチで驥尾団子は自害の狂画を添えて廃刊した。

この頃までが団団珍聞の黄金時代だった。文夫は社主を息子に譲り、立憲改進党に加わる。後に陸羯南《くがかつなん》の新聞「日本」の創刊に尽力した。

自由民権運動には士族に豪農、豪商も加わったが、天皇威光を背にした国会開設という政府の土俵に乗って目標を見失う。デフレ苦の農民を組織して過激化した運動は政府につぶされ、自由党は明治一七（一八八四）年に解党した。やがて板垣らは政府に取り込まれ、団団珍聞の風刺の的となる。

言論統制法に反対せず

明治二〇年代の憲法制定、国会開設を経て戦争の時代へ。新聞は日清、日露戦争で部数を飛躍的に伸ばし、広告も増えて経営は安定した。「不偏不党」を掲げ、政党離れする新聞も出てくる。

明治四二（一九〇九）年には改正新聞紙法ができた。編集責任拡大や厳罰化など改悪が多い言論統制法だが、「法案を審議した新聞経営者は反対せず、言論人から資本家へと転化していた」（春原名誉教授）のである。体制寄りの姿勢は後に国民を戦争に駆り立てる大政翼賛報道へと流されてしまう。

一九四五年の敗戦と占領期を経て、自由な言論・表現活動ができる時代が訪れた。「風刺はやりづらくなった。弾圧を乗り越えて描く方が活力や影響力もあった」（清水さん）との見方がある。自らの力で獲得した自由ではなかったからだろうか。空気のような自由はメディア全体を生ぬるく覆ってきたようにも見える。

報道の自由を縛りかねない特定秘密保護法が二〇一四年に施行された。担当相が放送局の電波停止を口にするなど政権によるメディア干渉も目立つ。不都合な記事をフェイクニュースと切り捨てる大統領も米国に登場した。何者にもはばかることのない報道は、正念場にさしかかっている。

江華島事件からの近代　歴史問題という呪縛

幅一キロほどの淡いブルーの水面が本土との間を隔てている。この水道を北に抜け漢江をさかのぼるとソウルへ至る。韓国西北端の江華島は首都防衛の最前線に位置する大きな島である。鎮《ジン》と呼ばれるいくつもの砲台が岸辺に築かれた。

＊

砲台攻撃し報告書改ざん

蒸気船の太平洋航路に面する日本は幕末、ペリーの砲艦外交によって国の扉をこじ開けられた。航路の奥にある朝鮮王朝は清を宗主国とする華夷秩序に安住し、かたくなに鎖国攘夷を貫いていた。明治新政府が王政復古を伝える外交文書を送ると、天皇の「皇」の字があることに朝鮮側は反発した。受け取りを拒まれた日本では征韓論が渦巻く。一方、フランスや米国は通商を求めて艦隊を江華島の周辺に差し向け、朝鮮軍は鎮を拠点に立ち向かった。

その一つ草芝鎮《チョジジン》は、南から水道に入る外敵と真っ先に向き合う。明治四（一八七一）年に米国艦隊に占拠され、四年後の明治八（一八七五）年には日本海軍の小型砲艦雲揚《うんよう》と砲火を交えた。今は護国精神の教育の場として復元され、見学者が途切れない。

「強大艦の攻撃を防ぐには小さな拠点で、武器も貧弱だな」。南部の羅州市から来た会社員鄭日権《チョンイルグォン》さん（四四）の率直な印象である。屋根の下に展示してある当時の大砲に照準はなく、どこに弾が飛ぶか分からない代物だった。

雲揚（二四五トン）は明治八（一八七五）年九月二〇日、南から江華島に近づいた。測量や諸調査のためカッターを降ろして岸に向かう。すると突然、草芝鎮から発砲され、小銃で応戦した。朝鮮の開国につながった江華島事件の発端である。

事前に雲揚は朝鮮東海岸で測量や偵察をしていた。薩摩出身の井上良馨《よしか》艦長は、朝鮮の武備は旧

日本の砲艦雲揚と放火を交わした草芝鎮。1973年に史跡公園として復元された（韓国の江華島）

式で攻略しやすいとして海軍上層部に征韓実施を建言している。近づいて挑発すれば鎮から撃ってくると想定していたのではなかろうか。

草芝鎮からカッターへの発砲を口実に翌二一日、井上艦長は雲揚本艦による鎮への砲撃を命じた。英国製大砲の弾は鎮の胸壁を壊す。鎮も応撃したが弾は届かず、一発が艦の近くに落ちただけ。遠浅で泥が深いため井上艦長は上陸を断念した。

雲揚は二二日朝、南の永宗島まで戻り、今度は永宗鎮《ヨンジョンジン》を砲撃した。奇襲に驚いた鎮からの反撃はなく、二八人が上陸する。撃ち合いが始まり、朝鮮側は総崩れとなって三五人が戦死。雲揚側は負傷二人のうち一人が艦に戻って死亡した。鎮内の武器や兵書、楽器まで分捕り、一六人を捕虜とした。

以上の経緯は井上艦長が長崎帰港翌日の九月二九日に記し、二〇〇二年に研究者（鈴木淳東京大教授）が見つけた報告書による。それまで実は、海軍内で大幅に書き換えられた一〇月八日付が公式の報告書とされてきた。

書き換えのポイントは、江華島上陸を試みた理由を「飲み水を求めて」としたことである。国際法で認められていた探水目的の臨時着岸を装う意図が見える。雲揚本艦との撃ち合いは草芝鎮が口火を切ったと改変した。朝鮮領海内での三日間の戦闘も一日のことにし、偶発性をアピールしている。

事実をゆがめ、朝鮮側の不当性を強調する改定報告書を政府は各国へ送った。「戦争の最初の犠牲者は真実」との言葉がある。それにしてもわが国の軍隊のごく初期に行われた改ざん行為は、後の増強された軍部による謀略の数々や虚偽の大本営発表まで連想させてしまう。

征韓論の源流は幕末にさかのぼる。列強の外圧に対抗するように、万世一系の天皇を中心にした国体論が叫ばれた。古事記や日本書紀の「三韓征伐」などを根拠に、朝鮮は昔のように日本に服属すべきだとの主張が出てくる。代表的な論者に挙げられるのが安政の大獄で刑死した長州藩の吉田松陰である。

日本と清は対等な修好条規を明治四（一八七一）年に結んだが、朝鮮側は交渉を拒み続けた。不平士族は「無礼な朝鮮を討て」と叫び、西郷隆盛らは征韓を唱える。明治六（一八七三）年、内治派に敗れて西郷らが下野した後も征韓論はくすぶり続けた。

翌年の日本軍の台湾出兵を経て朝鮮側に変化が生まれた。次は朝鮮が攻撃される恐れがあるとの情報が清から伝わったためである。攘夷派である実父の大院君から実権を奪った国王高宗は対日強硬派を政権から追放した。明治になり初めての日朝外交担当者会談も開かれた。ところが明治八（一八七五）年に入り、日本外交官が釜山で宴会に招かれる際の礼服の問題で紛糾する。相手を威圧して交渉行き詰まりを打開するため五月に派遣されたのが、雲揚など小型砲艦二隻だった。

朝鮮開国強いた砲艦外交

江華島事件を受けて明治九（一八七六）年二月、薩摩の黒田清隆参議を全権大使、長州の井上馨を副使とする使節が釜山を経て江華島に上陸した。艦船七隻で砲兵、歩兵含めて総員八〇〇人。増援部隊も来ると脅すなどペリーさながらの砲艦外交だった。

事件の責任を追及しつつも、実質的には修好通商条約を結ぶのが黒田らの使命だった。島内の錬武堂での交渉で、万国公法に基づく条約文を示して受諾を迫った。

朝鮮国内では開国論者と攘夷論者がせめぎ合う。平和的解決を望む清の意向も酌み、最終的には何点かの修正を加えて条約を受け入れた。江華島条約とも呼ばれる日朝修好条規が結ばれる。世界で最も遅い部類の開国だった。

条規は領事裁判権の承認、無関税貿易などを含む。日本が欧米に改正を求めていた不平等条約を無知につけ込んで押しつけたと批判されても仕方あるまい。

日本側は「朝鮮国は自主の邦」との文言にこだわった。冊封とも呼ばれる清への宗属関係を否定したつもりだったが、朝鮮側は現状維持と受け止めた。「自主」か「属国」かが後に火種となる。日本の動きを警戒した清は朝鮮への関与を強め、日本と対立した。宗属関係は日清戦争で清が敗れて解消される。日本はさらに日露戦争に勝利し、明治四三（一九一〇）年には朝鮮を併合して植民地にした。

江華島事件は今の韓国でどう受け止められているのか。「わが国の近代を開く重要な出来事であると同時に、日本が自国の近代化のために隣国を侵略する出発点になった」（ソウルにある東国大の韓哲昊《ハンチョルホ》教授）との見方が一般的である。

その後は「松陰の征韓論を弟子たちが実行した」とされる。首相だった山県有朋は第一回帝国議会で朝鮮を指す「利益線」の保護を訴えて日清戦争への地ならしを行い、伊藤博文は併合前の韓国統監府の初代統監に就いた。二人は最も出世した松陰門下生である。

偶然と必然の糸が歴史を織りなすとすれば、江華島事件から直線的に併合に至ったわけではない。朝鮮内には清やロシアに頼る一派もいたし、親日開化派のクーデター失敗もあった。「事件は日清戦争の予兆だった」（県立広島大の原田環名誉教授）との見方もある。

仁川国際空港の島に慰霊碑

韓国取材の最終日、永宗鎮の跡に公園ができたと聞いて直行した。周辺が埋め立てられた永宗島は今、仁川《インチョン》国際空港の島である。高層住宅ビル街を抜けると海を見渡せる丘の上に慰霊碑があった。

「永宗鎮戦没英霊追慕碑」と漢字とハングルで記されている。

仁川市が公園に砲台や胸壁を復元し、碑は二〇一五年に建った。公園管理責任者によれば、雲揚との戦いで虐殺された三五人の朝鮮人兵士と人数不明の住民を追悼するためという。毎年、追悼行事も催されている。

鎖国の扉を開かされた戦跡と、世界中と結ばれる超近代的なハブ空港。同じ島内にあって目くるめくような時空の落差は、巡る因果のように繁栄と危機が同居する今の東アジア情勢への連想に誘う。

経済と軍備の拡張で他国への影響力を増す中国に核保有国の北朝鮮が後ろ盾を求める。一五〇年前の冊封体制との類似を原田名誉教授は指摘した。当時と違い新興パワーが台頭する中、この地域の平和と安定をどう描くのか。

常に立ちはだかるのが明治からの歴史問題である。江華島事件の七〇年後、軍国日本はアジア世界におびただしい犠牲を出して破局を迎えた。侵略された国民の傷に対し心から反省していないと韓国や中国は批判し、日本では「嫌韓嫌中」の主張が大手を振る。ナショナリズム応

雲揚の奇襲を受けて戦死した朝鮮軍兵士たちの慰霊碑。2015年の建立で、後ろでは高層住宅の建設が進んでいた（韓国の永宗島）

酬の深みにはまりかねない状況は、超克すべき「近代の呪縛」であろう。

一方で、「扉を開いた瞬間に日清対立に巻き込まれ、近代の実験をするにはあまりに短すぎた」（金鳳珍《キムボンジン》北九州市立大教授）という朝鮮の近代を私たち日本人はどこまで深く知っているだろうか。

踏まれた側は足の痛みを忘れない。軍事力で隣国の門戸開放を強いた江華島事件にまで立ち返り、それぞれの近代に思いを致すことが呪縛を解きほぐす第一歩になりはしないだろうか。

関連年表　〈　〉内数字は本文掲載頁

一七八七（天明七）　仏ラ・ペルーズ艦隊が日本海北上〈29頁〉
一七九九（寛政十一）　堀田仁助が蝦夷地の地図作製〈29頁〉
一八二一（文政四）　箱田良助が伊能忠敬の遺志継ぎ大日本沿海輿地全図を完成させる〈35頁〉
一八三二（天保三）　頼山陽死去、『日本外史』本格出版は一二年後〈158頁〉
一八四〇（天保十一）　アヘン戦争（〜一八四二）
一八五〇（嘉永三）　栄力丸難破、仙太郎ら一七人が米商船に救われる〈18頁〉
一八五三（嘉永六）　ペリー来航。老中首座の阿部正弘が米国書を公開、全大名らから意見聞く〈60頁〉
一八五四（嘉永七）　日米和親条約締結
　吉田松陰ら密航に失敗〈12頁〉
一八五五（安政二）　日露協力でヘダ号建造〈45頁〉
　僧月性が萩城下で法話し、民衆を海防に動員〈65頁〉
一八五七（安政四）　黒船の外車輪を模した長州藩の人車船が完成〈40頁〉
一八五八（安政五）　日米修好通商条約締結
一八六〇（安政七）　大老井伊直弼が桜田門外で暗殺される
（万延一）　長州藩が石炭採掘目的で宇部妻崎新開作を完工〈50頁〉
一八六二（文久二）　生麦事件（八月）
　長州藩攘夷派が建設中の英国公使館を焼く（十二月）
一八六三（文久三）　長州藩攘夷派が下関で外国船砲撃（五月）〈71頁〉
　鳥取藩二十二士が京都で藩主側近を暗殺（八月）〈77頁〉
　八・一八政変、長州藩兵と七卿が京都退去（八月）〈83頁〉

一八六四（元治一）　阪谷朗廬が久坂玄瑞と攘夷巡り論争（四月）〈93頁〉

ジョセフ・ヒコと岸田吟香らが日本初の民間新聞発行（六月）〈23頁〉

禁門の変、長州征討の勅命（七月）

下関戦争、列強連合艦隊に長州藩が敗北（八月）〈89頁〉

第一次長州征討軍に長州藩が三家老自刃で謝罪（十一月）

高杉晋作が長州藩内クーデターへ挙兵、赤禰武人の和平工作は崩壊（十二月）〈102頁〉

一八六五（慶応一）　欧米列強との通商条約が勅許（十月）

一八六六（慶応二）　薩長盟約が成立（一月）

第二次長州征討、福山藩など幕府軍の敗走相次ぐ（六～九月）〈112、117頁〉

孝明天皇死去（十二月）

一八六七（慶応三）　美作へ敗走の浜田藩が鶴田藩と改名（三月）〈107頁〉

薩長芸藩が出兵同盟締結（九月）〈169頁〉

将軍徳川慶喜が大政奉還を上奏、勅許される（十月）

王政復古の政変（十二月）

一八六八（慶応四）　鳥羽伏見の戦い（一月）〈175頁〉

隠岐島後の島民が松江藩郡代を追放し自治政府樹立（三月）

新政府軍が江戸城入城（四月）〈138頁〉

新政府軍下参謀の世良修蔵が福島で暗殺、東北戦争勃発へ（閏四月）〈122頁〉

新政府軍が白河城を奪回、戦死者多数（五月）〈133頁〉

（明治一）　会津藩、新政府軍に降伏（九月）〈127頁〉

榎本武揚ら蝦夷地を占領（十二月）

一八六九（明治二）　箱館戦争終結（五月）
版籍奉還、知藩事の世襲制も廃止（六月）
一八七〇（明治三）　山口藩が脱退兵集団を武力鎮圧（二月）〈144頁〉
一八七一（明治四）　窪田次郎発案で福山藩粟根村に代議人制度（三月）〈197頁〉
廃藩置県の詔（七月）
散髪脱刀令（八月）〈185頁〉
広島で武一騒動始まる（八月）〈180頁〉
岩倉使節団出発（十一月）
一八七二（明治五）　近畿・西国・九州巡幸（五〜七月）〈185頁〉
島地黙雷が三条教則批判建白書で政教分離を主張（十二月）〈191頁〉
一八七三（明治六）　徴兵令制定（一月）〈163頁〉
西郷隆盛ら征韓派五参議が下野（十月）
一八七四（明治七）　板垣退助ら民撰議院設立建白書を提出（一月）
佐賀の乱おこる（二月）
台湾出兵（五〜十月）
一八七五（明治八）　讒謗律・新聞紙条例制定（六月）
江華島事件（九月）〈209頁〉
一八七六（明治九）　日朝修好条規調印（二月）〈209頁〉
萩の乱（十〜十一月）〈149頁〉
一八七七（明治十）　西南戦争（二〜九月）
野村文夫が団々珍聞を創刊（三月）〈202頁〉

あとがき

幕末の混乱から明治維新までの道のりは、薩長だけの力でたどり着いたわけではない。敗者や日和見的な対応に終始した藩、攘夷や開国を唱えたもろもろの勢力もそれぞれに葛藤を抱えながら歩みを刻んだのではなかろうか。新聞紙上で連載を始める際に、大切にしようとしたスタンスである。

連載中に反響が大きかったのは、幕末維新の変動の中で敗れ去った者たちを取り上げた回だった。敗者の側に分け入ると、歴史は自ずと別の顔をのぞかせる。西洋列強の背を追って中央集権化を急ぐあまり、上からの強引な統治が残した傷跡は今も痛ましい。

維新で勝者となったはずの長州では、戊辰戦争後に使い捨てにされることに抗議して討伐された兵への追悼が今も続いている。農村から出た者が多く、農民と心情を共有していた彼らの無念に人々が共鳴するからだろう。

「万機公論に決すべし」の理念実現に向け代議人制度を福山藩の村に導入した民権運動家は国権的統治に抑え込まれた末、「名ある役人や教員にはなるな」と子孫に遺言した。そこに込められた無念にも相通じるところがある。

東北では「戊辰一五〇年」だった。朝敵とされ続けた心中の苦しみを語り、「明治維新は近代の夜明け」という勝者の歴史観に疑いのまなざしを向ける年配の会津人に対し、読者から共感の声が少なからず寄せられた。

天皇制国家の上からの統治に対峙した自由民権運動は結局、時の政府につぶされた。軍部台頭の中で新聞をはじめとするメディアは翼賛路線に流されアジア・太平洋に戦禍を広げた結果が先の大戦の敗戦だった。民主主義国家として再出発したが、自らが勝ち取ったのではない空気のような自由の中にみんなが安住しているようにも感じられる。

歴史を学ぶ大きな意味は過去の教訓に耳を傾けることにあるとすれば、私たちの国の近代を維新というその入り口から問い直してみようという機運が生まれるのはごく当たり前のことなのかもしれない。

興味の赴くままにテーマを選び、歴史の現場を駆け回った一年八カ月だった。地域の歴史の調査に情熱を傾ける人が各地におられ、急な取材依頼に嫌な顔も見せず終日案内をしていただいたことも少なくなかった。さまざまな文献に学び、研究者や学芸員の方々には歴史の見方について多くの示唆を与えてもらった。弦書房の小野静男社長には構成段階から貴重なアドバイスをいただき、おかげで本書を形にすることができた。

お世話になった方々に心より感謝申し上げたい。

二〇二〇年五月　　山城　滋

参考文献

『会津戊辰戦史』井田書店、一九四一年
『青木周蔵自伝』平凡社、一九七〇年
青山忠正『明治維新を読みなおす』清文堂、二〇一七年
安達裕之『異様の船』平凡社、一九九五年
有元正雄『窪田次郎　美しき明治人』渓水社、二〇一三年
有元正雄・頼祺一・甲斐英男・青野春水『明治期地方啓蒙思想家の研究』渓水社、一九八一年
安藤英男編『頼山陽　日本政記』近藤出版社、一九八二年
家近良樹「長州藩正義派史観の根源」『もうひとつの明治維新』有志舎、二〇〇六年
五百簱頭孝行「箱田良助榎本家婿入り事情について」福山城博物館友の会だより、二〇一五年
絲屋寿雄『大村益次郎　幕末維新の兵制改革』中公新書、一九七一年
一坂太郎『長州奇兵隊』中公新書、二〇〇二年
井上勲『王政復古』中公新書、一九九一年
井伏鱒二『鶏肋集・半生記』講談社学芸文庫、一九九〇年
岩下哲典『幕末日本の情報活動　開国の情報史』二〇〇〇年、雄山閣
岩田真美「幕末期本願寺と『仏教護国論』をめぐって」『仏教史学研究』第五三巻第二号、二〇一一年、「明治初期の仏教と他者としてのキリスト教」『宗教における死生観と超越』方丈堂出版、二〇一三年
上田純子「儒学と真宗説法」『公論と交際の東アジア近代』東京大学出版会、二〇一六年
上田純子・僧月性顕彰会編『幕末維新のリアル』吉川弘文館、二〇一八年
内田伸『大村益次郎文書』一九七七年
内田鉄平『石炭都市 宇部市の起源』宇部日報社、二〇一七年
海野福寿『韓国併合』岩波新書、一九九五年
榎本武揚『シベリア日記』講談社、一八七七年
大西利輝『山陰沖の幕末維新動乱』近代文芸社、一九九六年
小笠喜徳「黒船に乗った広島人」（中国新聞朝刊連載）、一九九四年
尾形征巳『日本とロシアの交流―下田・戸田・富士から始まった』下田開国博物館、二〇〇四年
小川亜矢子『幕末期長州藩洋学史の研究』思文閣、一九九八年
岡本隆司『中国「反日」の源流』講談社、二〇一一年
『隠岐島誌』島根県隠岐支庁、一九三三年
海上保安庁灯台部『日本灯台史』一九六九年
勝海舟『海軍歴史』原書房、一九六七年
勝部真人「地域における文明開化の位相」『近世近代の地域社会と文化』清文堂出版、二〇〇四年

加藤祐一『文明開化』一八七三年
加藤祐三『黒船異変』岩波新書、一九八八年
神英雄・佐々木良子「堀田仁助『奥州松前蝦夷図』の成立事情」二〇一四年
川村博忠「近代日本地図の成立と発展」『守屋壽コレクションが迫る近世日本の新たな異文化交流像』二〇一六年
岸本覚「秋良敦之助と海防」『それぞれの明治維新』吉川弘文館、二〇〇〇年
『木戸孝允日記　二』マツノ書店、一九九六年
木本至『「団団珍聞」「驥尾団子」がゆく』白水社、一九八九年
桐原健真『吉田松陰―「日本」を発見した思想家』ちくま新書、二〇一四年
草地保ほか編『岸田吟香』旭町教育委員会、一九八九年
栗原伸一郎『幕末戊辰仙台藩の群像』大崎八幡宮、二〇一五年
『倉橋町史　資料編Ⅲ』一九九七年
『倉橋町史　通史編』二〇〇一年
月性『仏法護国論』一八五六年
河野有理『明六雑誌の政治思想』東京大学出版会、二〇一一年
小林忠雄編訳『ラペルーズ世界周航記　日本近海編』白水社、一九八八年
坂本卓也「幕末維新期芸州浅野家における蒸気船運用」『日本歴史』、二〇一七年四月、「幕末期芸州浅野家の軍備増強」『鷹陵史学』二〇一三年九月
佐々木克『戊辰戦争』中公新書、一九七七年、「榎本武揚」『それぞれの明治維新』吉川弘文館、二〇〇〇年
『さざなみ郷土読本　中　偉人を尋ねて』一九三四年
佐野綱由「幕末・明治の浜田藩主・松平右近将監家の作州津山への移転について～そのてん末」『浜田会誌第二五号』二〇一七年
『島地黙雷全集　五巻』本願寺出版協会、一九七八年
下関市文書館編『資料幕末馬関戦争』三一書房、一九七一年
清水勲監修『漫画雑誌博物館　明治時代編　団団珍聞』国書刊行会、一九八六年
『周東町史』一九七九年
ジョセフ・ヒコ『アメリカ彦蔵自伝　一、二』東洋文庫、一九六四年
『白石正一郎日記』下関市役所、一九五九年
菅波寛「榎本圓兵衛武規書状について」福山城博物館友の会だより、一九八〇、一九八一年
杉本武信『窪田次郎が遺した日本の宿題』ザメディアジョン、二〇一二年
杉山栄『岸田吟香略伝』岸田吟香顕彰会、一九五一年
鈴木淳「雲揚艦長井上良馨の明治八年九月二九日付け江華島事件報告書」『史学雑誌二〇〇二年一二月号』
須藤喜六『たずたはん第四集』一九九三年
角井菊雄「悲運の第三代奇兵隊総監赤禰武人」防長新聞社、

二〇〇〇年
諏訪正『維新志士新谷翁の話』一九三六年
仙波ひとみ「幕末朝廷における近臣」『もうひとつの明治維新』有志舎、二〇〇六年
田口由香「文久二年藩是転換までの長州藩の動向」『山口県史研究一六号』山口県史編さん室、二〇〇八年
田中彰『松陰と女囚と明治維新』日本放送出版協会、一九九一年、『高杉晋作と奇兵隊』岩波新書、一九八五年
田中悟『会津という神話』ミネルヴァ書房、二〇一〇年
谷林博『世良修蔵』新人物往来社、一九七四年
谷山正道『近世民衆運動の展開』高科書店、一九九四年
田村幸香「明治二～三年における諸隊脱退騒動について」『山口県史研究一九号』山口県史編さん室、二〇一一年
長府毛利家編『復刻　毛利家乗』防長史料出版社、一九七五年
津山朝日新聞「鶴田藩①～⑪」一九八二年四月
津山洋学資料館『美作に残る岸田吟香の足跡』、二〇〇七年
『津和野町史　第四巻』二〇〇五年
道迫慎吾『萩の近代化産業遺産』萩ものがたり、二〇〇九年、『萩博物館所蔵楢崎頼三関係資料』二〇一〇年
陶徳民『吉田松陰と佐久間象山』関西大学出版部、二〇一六年
土居良三『開国への布石　評伝老中首座阿部正弘』二〇〇〇年、未来社
鳥取県立博物館『企画展鳥取藩二十二士と明治維新　図録』、二〇一三年
豊田市郷土資料館『明治の傑人岸田吟香』、二〇一二年
内藤正中、藤田新、中沼郁『隠岐国維新史』山陰中央新報社、一九八六年
中原正男『白河踊り　奥州白河からふるさとへ伝えた盆踊り』書肆侃侃房、二〇一七年
奈良勝司『明治維新と世界認識体系』有志社、二〇一〇年
西村晃『戦場に駆り出された農兵たち　収蔵文書の紹介』広島県立文書館、一九九七年
沼津市戸田造船郷土資料博物館『戸田海廊伝説　千の波頭を超えて』二〇一〇年
野口武彦『江戸の歴史家　歴史という名の毒』筑摩書房、一九七九年、『鳥羽伏見の戦い』中公新書、二〇一〇年
野口信一『会津戊辰戦死者埋葬の虚と実』歴史春秋出版、二〇一七年
野村文夫『西洋聞見録』一八六九～一八七一年
橋本素助、河合鱗三編『芸藩志』一九〇九年、『芸藩志拾遺』一九一三年
長谷川栄子『明治六大巡幸』熊本出版文化会館、二〇一二年
浜田市教育委員会『松平右近将監家とその家臣』二〇〇四年
濱野靖一郎『頼山陽の思想　日本における政治学の誕生』東京大学出版会、二〇一四年

春名昭彦『日本新聞通史』新泉社、一九八五年
広島県教育事業団埋蔵文化財調査室『幕末動乱期の西国街道』二〇一七年
『広島県史　近代一』一九八〇年
広島県立歴史博物館『守屋壽コレクションが迫る近世日本の新たな異文化交流像』二〇一六年、『医師窪田次郎の自由民権運動』、一九九七年
福田禄太郎『阿部正方公』、一九二六年
福地源一郎『懐往時談』民友社、一八九四年
『福山市史』二〇一七年
福山市立福山城博物館『特別展　箱田良助と榎本武揚　図録』同博物館、二〇〇九年
福山誠之館同窓会『誠之館一三〇年史　上巻』、一九八八年
『ペリー提督日本遠征記　上、下』角川学芸出版、二〇一四年
藤原相之介『奥羽戊辰戦争と仙台藩　世良修蔵事件顛末』マツノ書店、二〇〇九年
古川薫『長州奇兵隊』創元社、一九七二年
保谷徹『幕末日本と対外戦争の危機』吉川弘文館、二〇一〇年、『戊辰戦争』吉川弘文館、二〇〇七年
松岡智訓『第三代奇兵隊総督赤禰武人』岩国徴古館、二〇一六年
松島弘「大国隆正と津和野藩の教学」一九八六年
松本健一『隠岐島コミューン伝説』河出書房新社、一九九四年
松本二郎『萩の乱　前原一誠とその一党』鷹書房、一九七二年
『団団珍聞　復刻版』本邦書籍、一九八一～一九八四年
三坂圭治監修『維新の先覚　月性の研究』マツノ書店、一九七九年
三谷博『ペリー来航』二〇〇三年、吉川弘文館
三宅紹宣『幕長戦争』吉川弘文館、二〇一三年
宮島誠一郎『戊辰日記』米沢市史編纂委員会、一九九八年
村上磐太郎『赤根武人の冤罪』柳井市立図書館、一九七一年
村上護『島地黙雷伝』ミネルヴァ書房、二〇一一年
村上貢『幕末漂流伝』PHP研究所、一九八八年
村松剛『醒めた炎　木戸孝允』中央公論社、一九九〇年
元網数道『幕末の蒸気船物語』成山堂書店、二〇〇四年
森本繁『福山藩幕末維新史』内外印刷企画室、一九八二年
諸井條次『萩の乱と長州士族の維新』同成社、一九九九年
安岡章太郎『流離譚』新潮社、一九九三年
山岡浩二『明治の津和野人たち』堀之内出版、二〇一八年
山川浩『京都守護職始末』平凡社、一九六五年
山崎渾子『岩倉使節団における宗教問題』思文閣出版、二〇〇六年
山下五樹『阪谷朗盧の世界』岡山文庫、一九九五年、『阪谷朗盧先生書簡集』、一九九〇年
山下敏鎌『興譲館百二十年史』同史記念刊行会、一九七三年

山下真澄『捕鯨Ⅰ、Ⅱ』法政大学出版局、二〇〇四年
山本栄一郎『幕末維新の仕事師「村田蔵六」大村益次郎』大村益次郎没後一五〇年事業実行委、二〇一六年
吉野誠『明治維新と征韓輪』明石書店、二〇〇二年
吉村昭『桜田門外ノ変　上下』新潮文庫、一九九五年、『史実を歩く』文春文庫、一九九八年
脇村正夫「長州藩の公武周旋と八・一八の政変への対応」『山口県地方史研究一一六号』山口県地方史研究学会、二〇一六年
頼山陽『日本外史　上、中、下』岩波文庫、一九七六

著者略歴

山城　滋（やましろ・しげる）

一九五二年、山口県生まれ。中国新聞社の本社（広島）と支社局で自治、農山村、漁業などの問題を追う。防長本社代表、編集局長、備後本社代表を経て二〇一七年から特別編集委員。連載記事を書籍化した共著に『海からの伝言―新せとうち学』（中国新聞社、一九九八年）、『自治鳴動』（ぎょうせい、二〇〇三年）、『ムラは問う』（農文協、二〇〇七年）。

維新《いしん》の残《のこ》り火《び》・近代《きんだい》の原風景《げんふうけい》

二〇二〇年六月三〇日発行

著　者　山城　滋
発行者　小野静男
発行所　株式会社　弦書房
（〒810・0041）
福岡市中央区大名二―二―四三
ELK大名ビル三〇一
電　話　〇九二・七二六・九八八五
FAX　〇九二・七二六・九八八六

組版・製作　合同会社キヅキブックス
印刷・製本　シナノ書籍印刷株式会社

ISBN978-4-86329-208-6 C0021